Ensayos sobre Derecho Comparado

y

Constitución

OSCAR CRUZ BARNEY

TERESA M.G. DA CUNHA LOPES

LUCIO PEGORARO

(COORDINADORES)

**CIJUS/FACULTAD DE DERECHO Y CIENCIAS
SOCIALES/UMSNH/ INSTITUTO DE INVESTIGACIONES
JURÍDICAS UNAM / UNIVERSITÀ DI BOLOGNA/
UNIVERSIDADE CLÁSSICA DE LISBOA**

Editado

4 de octubre de 2012

Título

Ensayos sobre Derecho Comparado y Constitución

1ª.Edición

250 Ejemplares

Colección

"Transformaciones Jurídicas y Sociales en el Siglo XXI"

6ª serie/No. 2

Coordinadores de la Colección

Hill Arturo del Río Ramírez

Teresa M. G. Da Cunha Lopes

Arbitraje

Comisión Editorial de la Facultad de Derecho y Ciencias Sociales

Comisión Editorial del CIJUS

ISBN 978-1-300-59906-7

Coordinador de la Edición y Diseño Gráfico

Pedro Rusiles

DIRECTORIO

INDICE

PARA UNA CLASIFICACIÓN "DÚCTIL" DE "DEMOCRACIA MILITANTE"

Lucio Pegoraro

PARA UNA CLASIFICACIÓN "DÚCTIL" DE "DEMOCRACIA MILITANTE" (*)

Lucio Pegoraro (**)

1. Introducción: semántica de «democracia»

Como ha sido puesto en evidencia por Antonio Reposo, «en los Estados democráticos occidentales la oposición constitucional se concibe (…) como contraposición dialéctica en las confrontaciones del poder constituido –es decir, como antipoderes–, si bien las divergencias ideológicas que la separan de la mayoría no pueden superar determinados límites, identificables con los principios jurídicos fundamentales relativos a los derechos de libertad; en otras palabras, los procedimientos antipoder deben, de todos modos, resultar compatibles con dichos principios, y sólo la oposición que acepte respetarla lealmente obtiene siempre, en correspondencia, reconocimiento y tutela". Esto "evidencia una contradicción existente entre sistema liberal y democracia, en cuanto en el Estado con régimen democrático el gobierno debería ser la expresión de las ideas políticas *del* o *de los* grupos mayoritarios, incluso cuando están constituidos por fuerzas políticas iliberales»[1].

---

1   (*) Catedrático de Derecho Público Comparado en el Departamento de Ciencias Políticas y Sociales de la Universidad de Bolonia.

Hasta la explosión reciente de los fenómenos conectados al terrorismo internacional, tal contradicción presentaba una vertiente prevalentemente "interna", ya que la restricción de los derechos ligada a eventos bélicos, es decir a la defensa frente al enemigo externo, se relegaba a la esfera de la excepcionalidad, y generalmente (si bien no siempre, y de todos modos con límites diversamente intensos) era siempre considerada lícita en cualquier ordenamiento, ya sea "democrático" o no democrático (y por tanto autocrático en sus varias acepciones)[2].

Es más, el verdadero problema de la definición de "democracia" se liga precisamente a tal opción preliminar de la licitud de las limitaciones al pluralismo: concretamente la "regularidad" de los límites a la dialéctica política —es decir, el no limitar las restricciones de los derechos al caso de la guerra–, representa el núcleo duro de los ordenamientos "no democráticos"[3].

(**) Traducción de los §§ 1, 2, 4, 6 de Grethell Aguilar Oro, investigadora en la Universidad Rey Juan Carlos de Madrid; de los §§ 1 y 3 (en parte) de Rosario Tur Ausina, Profesora Contratada Doctora de Derecho constitucional (Titular acreditada), Universidad Miguel Hernández de Elche; del § 5 (en parte) de Ana Isabel Melado Lirola, Profesora Contratada Doctora en Derecho Constitucional, Universidad de Almería.

A. REPOSO, *La disciplina dell'opposizione anticostituzionale negli Stati Uniti d'America*, Cedam, Padova, 1977, p. 9 s. Sul *puzzle* vid. ahora P. MACKLEM, *Militant democracy, legal pluralism, and paradox of self-determination*, en *International Journal of Constitutional Law*, 4, n. 3, 2006, p. 488 ss.

2   V. G. DE VERGOTTINI, *Guerra e Costituzione. Nuovi conflitti e sfide alla democrazia*, il Mulino, Bologna, 2004, p. 199 ss. V. también A. VEDASCHI, *À la guerre comme à la guerre? La disciplina della guerra nel diritto costituzionale comparato*, Giappichelli, Torino, 2008.

3   *Vid.* G. SARTORI, *Democrazia e definizioni*, il Mulino, Bologna, 1957; y D. NOHLEN, *La Democracia. Instituciones, conceptos y contexto*, Ed. Un. Inca Garcilaso de la Vega, Lima, 2009 (con *Presentación* de D. GARCÍA BELAUNDE y *Estudio preliminar* de J. F. PALOMINO MANCHEGO).

La pregunta clásica que aquí formulamos es, por lo tanto, si una "verdadera" democracia sea sólo aquella que consiente de todos modos, en el respeto de las reglas procedimentales del juego democrático, la disolución de sí misma, o bien puede definirse como "democrático" también el ordenamiento que prepara límites diversamente graduados para la defensa de la democracia, hasta alcanzar a prohibir no sólo *acciones* dirigidas a su subversión, sino también ideologías o manifestaciones del pensamiento. Paradójicamente, de todos modos, las limitaciones a la dialéctica democrática están justificadas por la exigencia de garantizar la democracia frente a los enemigos que pretenden sustituirla con otras modalidades de organización del poder4.

Es ésta la temática de las democracias denominadas "militantes" o "protegidas", bilateral o unilateralmente (ya sea contra los fascismos *y* el comunismo, o de todos modos en general, o bien sólo contra uno de los dos supuestos)5, que conlleva ulteriores problemas, en particular el del nivel normativo de las respectivas previsiones.

Los diversos ordenamientos que la *communis opinio* considera liberal-democráticos han preparado una serie de mecanismos que operan a nivel

---

4   Es emblemática al respecto la fórmula del art. 18 del *Grundgesetz*, sobre la pérdida de los derechos fundamentales a que pueden verse conminados quienes abusan de aquéllos para combatir el ordenamiento democrático y liberal.

5   La bibliografia sobre el tema es amplia. En clave comparada v. por ej., entre los escritos más recientes (además de otros citados *infra*), en italiano: S. CECCANTI, *Le democrazie protette e semi-protette da eccezione a regola*, Giappichelli, Torino, 2004; I. NICOTRA, *Democrazia "convenzionale" e partiti antisistema*, Torino, Giappichelli, 2007; en inglés, A. SAJÓ (ed.), *Militant Democracy*, Eleven International Publishing, Utrecht, 2004; en español, J. CORCUERA ATIENZA, J. TAJADURA TEJADA, E. VÍRGALA FORURIA, *La ilegalización de partidos políticos en las democracias occidentales*, Dykinson, Madrid, 2008.

super-constitucional (por ejemplo, prohibición de revisión de la forma institucional, monárquica o republicana, de la forma de Estado federal, o de los principios característicos de la forma de Estado: significativa al respecto es la Constitución portuguesa6); operan también a nivel constitucional, en el sentido de que de todos modos, mediante la reforma constitucional, aquéllos podrían en teoría, ser derogados o modificados; y operan en definitiva a nivel legislativo, a través de tipos de normas penales o contenidas en leyes especiales, que hipotizan clases de delitos políticos o "de Estado". Sólo en casos algo marginales el ordenamiento ha preparado medidas dirigidas exclusivamente a la represión de acciones violentas, sin ninguna conexión con la ideología manifestada por los actores[7].

Ya que, sea cual sea entre las anteriormente indicadas las soluciones elegidas, en el lenguaje de la doctrina y de la política todos los ordenamientos que las adoptan son considerados "democráticos", la pregunta sobre la democracia como "clase" queda de todos modos abierta, y ni el uso común y consolidado de la palabra en el lenguaje de la ley además del meta-lenguaje jurídico –que según los cánones filosóficos-analíticos a los que nos adherimos representa *el* criterio idóneo para definir un ordenamiento– aparece muy útil en el caso en cuestión.

---

6 *Infra*, nota 12.

7 Véase asimismo A. REPOSO, *op. cit.*, p. 18 ss.

De hecho, casi todas las Constituciones califican como "democrático" el Estado o la "forma de gobierno", sea cual sea su actitud frente a los derechos, a la oposición, o a las minorías[8].

Esto vale –es éste el punto– para permitirnos graduar la democraticidad de un ordenamiento respecto a las oposiciones ideológicas internas y, en consecuencia, a cuantos se proponen atentar "democráticamente" contra las instituciones "democráticas": en otras palabras, utilizando el método democrático y en particular las elecciones libres[9].

2. Un interrogante clásico: ¿Como defender la Constitución?

En primer lugar, hay que decir que, entre los instrumentos de defensa de la democracia a través de la Constitución no podemos considerar: a) de un punto de vista formal, la rígidez de la misma; b) desde una perspectiva

8   V. L. PEGORARO, S. BALDIN, *Costituzioni e qualificazioni degli ordinamenti (Profili comparatistici)*, en L. MEZZETTI, V. PIERGIGLI (al cuidado de), *Presidenzialismi, semipresidenzialismi, parlamentarismi: modelli comparati e riforme istituzionali in Italia. Atti del Convegno di Udine, 5 marzo 1997*, Giappichelli, Torino, 1997, p. 1 ss. y en *Diritto e società*, 1997, n. 1, p. 117 ss. Respecto a la preceptividad de las autocualificaciones v. también las brillantes páginas de U. SCARPELLI, *Diritti positivi, diritti umani: un'analisi semiotica*, en S. CAPRIOLI, F. TREGGIARI (al cuidado de), *Diritti umani e civiltà giuridica*, Pliniana, Perugia, 1992, p. 39 ss., que, si bien se ocupa de la problemática ligada a la adjetivación que caracteriza los catálogos constitucionales de los derechos, pone claramente de manifiesto el nexo entre el *nomen* elegido por los *drafters* y el valor preceptivo.

9   Para una reciente perspectiva comparatística véase A. DI GIOVINE, G.F. FERRARI, N. OLIVETTI RASON (al cuidado de), *Democrazie protette e protezione della democrazia*, Giappichelli, Torino, 2005, p. 37 ss. Pero esto vale también para medir la democraticidad de un ordenamiento respecto a otros tipos de oposición, como aquéllas "externas" a cada ordenamiento: véase G. DE VERGOTTINI, *Guerra e Costituzione. Nuovi conflitti e sfide alla democrazia*, cit., p. 258 ss.

sustancial, los mecanismos institucionales que aseguran la división de poderes y las normas que atribuyen los derechos.

a) En la macro clase de la liberal-democracia, la norma para impedir a la simple mayoría parlamentaria hacer un cambio no querido por el poder constituyente, representa un objeto de la protección, no un medio para proteger la Constitución, en cuanto que, lo que precisamente se protege es la rígidez de la misma10. Con rarísimas excepciones, la rigidez es considerada coesencial, en una sociedad heterogénea desde el punto de vista socioeconómico y político, para respetar los pactos constituyentes que garantizan las reglas básicas. Prueba de ello es la convicción generalizada de que los Tribunales Constitucionales pueden controlar las leyes de revisión que amenazan el "espíritu" (o "núcleo duro")11.

---

10   Sobre el tema renvio a la bibliografía citada en mi artículo *Revisión constitucional: el caso italiano en el contexto de la teoría general y del derecho comparado*, en *Boletín Mexicano de Derecho Comparado*, n. extraord. 2008, p. 895 ss., y en M. NUÑEZ, P.R. TORRES ESTRADA (coords), *La Reforma Constitucional. Sus implicaciones jurídicas y políticas en el contexto comparado*, Cátedra Estado de Derecho, Porrúa, Escuela de Graduados en Administración Pública del Tecnológico de Monterrey, Monterrey, 2009, p. 551 ss.

11   Sobre la importancia que conlleva el control (cada vez más frencuente) sobre la revisión constitucional cfr. D. GÓNGORA PIMENTEL, *El control de la reforma constitucional*, en J. VEGA GÓMEZ-E. CORZO SOSA (coords.), *Tribunales y justicia constitucional, Memoria del VII Congreso Iberoamericano de Derecho Constitucional*, Unam, México, 2002, p. 239 ss. (con particular referencia al ámbito iberoamericano); AA. VV., *Reforma de la Constitución y control de constitucionalidad* (Congreso internacional, Bogotá, junio 14 al 17 de 2005), Bogotà, Facultad de Ciencias Jurídicas de la Pontificia Universidad Javeriana, 2005; G.A. RAMÍREZ CLEVES, *Límites de la reforma constitucional en Colombia: el concepto de Constitución como fundamento de la restricción*, Un. Externado de Colombia, Bogotá, 2005; F. ZÚÑIGA URBINA, *Control de constitucionalidad de la reforma constitucional*, in *Estudios Constitucionales*, 2006, p. 429 ss.; D. GARCÍA BELAUNDE, *Sobre el control de la reforma constitucional (con especial referencia a la experiencia jurídica peruana)*, en *Revista de Derecho Político*, n. 66, 2006, p. 478 ss.; I.B. FLORES, *Sobre la (in)constitucionalidad de "reformas constitucionales": a propósito de los casos de Chiapas, Michoacán y Oaxaca*, in *Cuestiones Constitucionales*, n. 17, 2007, p. 259 ss.; y ya L. PEGORARO, *Tribunales constitucionales y revisión de la Constitución*, en *Pensamiento Constitucional*, 1999, p. 221

b) El problema por lo tanto, se refiere a la protección de la Constitución de revisiones (formalmente legítimas, en ausencia de límites expresos12) dirigidas a cambiar la materia "esencial" o considerada como tal

---

ss., en *Revista de las Cortes Generales*, n. 47, 1999, p. 7 ss. y en ID., *Ensayos sobre justicia constitucional, la descentralización y las libertades*, Porrúa, Mexico, 2006, p. 209 ss., trad. it. *Corti costituzionali e revisione della Costituzione*, en *Studi in onore di U. Pototschnig*, Giuffrè, Milano, 2002, vol. II, p. 903 ss. Sobre todo ahora: S. RAGONE, *I controlli giurisdizionali sulle revisioni costituzionali. Profili teorici e comparativi*, Bup, Bologna, 2011, y varios ensayos publicados en M. NUÑEZ, P.R. TORRES ESTRADA (coords), *La Reforma Constitucional: Problemas teóricos y de ingeniería constitucional*, cit.

12   Numerosas Constituciones, tanto del pasado como del presente, establecen límites a la propia posibilidad de revisión. Anteriormente la atención se centraba sobretodo en la forma institucional monárquica (Constituciones noruega de 1814, y griega de 1951), mientras que, actualmente prevalece la prohibición de modificar la forma republicana (Francia 1946 y 1958, Turquía 1961, Italia 1948, etc.). Los Estados federales sustraen a menudo la revisión de la estructura territorial (Por ej. Estados Unidos y Alemania), y no faltan textos que salvaguardan los derechos y las libertades, como la *Grundgesetz* alemana o la Constitución portuguesa, que por otra parte se caracteriza por prohibir la revisión (o, mejor, por imponer el respeto por parte de las leyes de revisión) de una serie innumerable de principios: la independencia y la soberanía del Estado, la separación entre éste y la Iglesia, los derechos y las libertades, el sistema económico mixto, el sistema electoral proporcional, la división de poderes, la independencia judicial, etc. (Vid. en relación a la literatura más reciente, J.J. GOMES CANOTHILO, *Il diritto costituzionale portoghese*, Giappichelli, Torino, 2006, pp. 27 ss., 77 ss. y especialmente las páginas 223 ss., y además sobre este punto también, J. MIRANDA, *A originalidade e as principais características da Constituição Portuguesa*, en L. PEGORARO (coord.), *I trent'anni della Costituzione portoghese. Originalità, recezioni, circolazione del modello – Os trinta anos da Constitução portuguesa. Originalidade, circulação e recepção do modelo*, Clueb, Bologna, 2006, *passim*. En general sobre el núcleo esencial el clave comparada, vid. ahora F. PALERMO (coord.), *La "manutenzione" costituzionale*, Cedam, Padova, 2007). Por último, recordamos que, a diferencia del italiano, algunos otros textos prevén, junto a límites materiales a la revisión también límites temporales para algunas disposiciones: además de numerosas Constituciones latinoamericanas del pasado, el art. 284, apdo. 1, Constitución de Portugal, y el art. 110, no. 6 de la Constitución griega, que exigen el transcurso de cinco años desde la última revisión (12 meses son establecidos por la Constitución serbia, art. 203); también la recientísima Constitución de Iraq, cuyo art. 136 prevé el transcurso de dos ciclos parlamentarios antes de que sea posible revisar el texto, o prohíben que se proceda a más revisiones en periodos cercanos de tiempo, o prohíben la revisión cuando concurran determinadas circunstancias (periodo de regencia, ocupación bélica, declaración de los estados de emergencia o de sitio). El término «límites circunstanciales» es utilizado por el art. 289 de la Constitución de Portugal. La prohibición de revisión durante el estado de emergencia (o similares) es señalado, por ejemplo, en las Constituciones de Serbia (art. 204) y de Afganistán (art. 2004),

por los constituyentes (y por aquellos que interpretan su pensamiento). Dentro de tales normas, división de poderes y atribución de derechos constituyen el núcleo del área protegida, cuya existencia permite que puede ser considerado como "democrático" un ordenamiento.

Entre los instrumentos de autotutela las Constituciones preveen con frecuencia diversos institutos gradualmente variados para defenderse, a veces incluso en contra del mismo poder de revisión, es el llamado núcleo esencial.

El más antiguo y elemental es la reserva de ley, originariamente dispuesta para sustraer al ejecutivo tales disciplinas; paralelamente, la reserva de jurisdicción cumple la misma finalidad. Más recientemente, instituciones y derechos son a menudo tuteladas de la mayoría simple, mediante reserva de ley orgánica o adoptando una mayoría cualificada. El más conocido medio de defensa está por otro lado representado por el control de constitucionalidad de las leyes, y por los mecanismos constitucionales de delimitación de las competencias de los órganos y de los entes. A estos, algunas veces, se le pueden añadir otros instrumentos, como por ejemplo las instituciones del Defensor del Pueblo o procedimientos específicos de garantía como el recurso de amparo.

Se trata, en estos casos, de técnicas tradicionales para dar efectividad a las reglas sustanciales de la división de poderes y la atribución de derechos.

---

además de en la francesa (art. 89) y en la española (art. 169); la revisión es prohibida incluso durante la regencia en Bélgica (art. 197), Luxemburgo (art. 115), y Holanda (art. 198).

Tales técnicas, preponderante tutelan la sociedad contra el poder, los ciudadanos contra las instituciones o parte de ellas (o cuerpos, o poderes). Aunque no en todos: en algunos casos (por ejemplo: conflictos entre centro y periferia, o entre poder electoral y poderes constituidos), no importa de que parte llegue el ataque, si de quien detenta el poder o de quien tal poder legitima (el pueblo, la sociedad civil...). De cualquier manera estas técnicas defienden la Constitución.

No obstante se preven, a veces, otras medidas que están claramente diseñadas para tutelar la Constitución (o su nucleo originario y presuntamente intangible) de ataques dirigidos ya no por cualquier poder del Estado, si no para protegerla de sectores de la sociedad civil (individuos, mayorías o minorías parlamentarias presentes y futuras, asociaciones, "naciones" periféricas o porciones, en sentido sociológico, del territorio nacional), que quieren cambiar el *status quo* constitucional no en sus reglas débiles, o accesorias (la forma de Gobierno, la organización, etc.), sino en la sustancia, sustituyendo la vigente forma de Estado por otra distinta, radicalmente opuesta.

Con tales normas (algunas veces a nivel constitucional, legislativo, administrativo o jurisprudencial), que no limitan tanto a los poderes instituidos, sino a los ciudadanos, o a sus expresiones que son el eslabón que une la sociedad a las instituciones, algún ordenamiento se defiende de una parte del pueblo que la Constitución debería tutelar en sus expresiones más genuinas, como la libertad de pensamiento y de manifestación del pensamiento, el derecho de asociación, el derecho de pertenecer a un partido, el derecho a tener derechos y la protección de los mismos, con independencia del *status civitatis,* el derecho a la igualdad, el derecho de acceso a los cargos públicos y así sucesivamente.

Además de la defensa emanada del pueblo a través del llamado derecho de resistencia13, y la suspensión de la Constitución para defenderla contra graves amenazas de peligros externos o internos, que responden a lógicas en parte diversas, todos los ordenamientos sancionan los comportamientos que pretenden subvertirlo: estas sanciones son sobretodo de naturaleza penal y están dispuestas para proteger los bienes que representan un valor para la comunidad según la apreciación de la conciencia social hecha por el legislador (vida, sentido del pudor, dignidad y reputación, propiedad, ambiente, salud, etc)14. Entre estos bienes, que en parte están en continua modificación y aceptación, dependiendo de la evolución de la conciencia social, el primero está representado por la seguridad del Estado que, más que un bien, representa el presupuesto para que el Estado pueda asegurar la protección de los otros bienes15.

---

13   ... sin embargo previsto solo por un escaso número de Constituciones, como por ejemplo la Constitución Alemana. Sobre el derecho de resistencia v. por último: A. BURATTI, *Dal diritto di resistenza al metodo democratico,* Giuffrè, Milano, 2006, *ibidem* amplia bibliografía.

14   Véase G. MORBIDELLI, *Capitolo II, La costituzione, Sezione II, Le dinamiche della costituzione,* en G. MORBIDELLI, L. PEGORARO, A. REPOSO, M. VOLPI, *Diritto pubblico comparato,* Giappichelli, Torino, 3ª ed., 2009, p. 124 s.

15   Por lo tanto, no existe un "derecho" a la seguridad, como es difícil contemplar "derechos" −si no se da un sentido peculiar− en otras situaciones, como por ejemplo el llamado "derecho a una buena administración", v. sobre este punto: L. PEGORARO, *Esiste un "diritto" a una buona amministrazione? (osservazioni critiche preliminari sull'(ab)uso della parola «diritto»),* en *Le istituzioni del federalismo,* n. 5/6, 2010, p. 543 ss., trad. esp. *Existe un derecho a una buena administración? (algunas consideraciones sobre el (ab)uso de la palabra "derecho"),* en C.M. ÁVILA RODRÍGUEZ, F. GUTIÉRREZ RODRÍGUEZ (coords), *El*

La idea democrática de Constitución ha generado en ocasiones la afirmación de una visión tolerante y neutral respecto a la oposición anticonstitucional, autorizando el nacimiento, la actividad y el proselitismo de organizaciones políticas cuyo programa sea o fuese una desviación de los principios constitucionales. Todavía hoy, muchas Constituciones (de Francia a Guatemala), no han establecido límites a la actividad política de los partidos, aunque, como veremos posteriormente, esto no ha impedido, en ocasiones, la aparición por vía legislativa, de formas de democracia protegida.

Esta idea abierta de democracia –prevalente sobre todo antes de la aparición de los totalitarismos- ha dado paso, no obstante, a la concepción (defendida por Loewenstein16) de la protección, a través de diversas medidas, tanto en contra de los llamados partidos anti-sistema, como de formaciones dirigidas a socavar la integridad del Estado, no ya desde el punto de vista ideológico sino territorial.17

---

derecho a una buena administración y la ética pública», Malaga, 21 y 22 de jenero de 2010, Tirant lo Blanch, Valencia, 2011, p. 17 ss., en A. MATILLA CORREA, J.L. PRADO MAILLARD, L.G. RODRÍGUEZ LOZANO (coords), *Ensayos de derecho público en conmemoración del sesquicentenario del natalicio de León Duguit*, Lezcano Garza Editores, Monterrey, 2011, p. 575 ss., trad. fr., *Existe-t-il un «droit» à une bonne administration? Observations critiques préliminaires sur l'utilisation (et l'abus) du terme «droit»*, en *Annales de Droit*, 2011, p. 177 ss.

16   K. LOEWENSTEIN, *Militant Democracy and Fundamental Rights*, en *The American Political Science Review*, 31, n. 3/4, 1937.

17   Como recuerda G. MORBIDELLI, *op. cit.*, p. 125 s.: «Tal actitud de no defensa (llamado: «liberalismo no protegido» o «democracia pura») fue también una consecuencia del hecho que en los Estados liberales, hasta principios del siglo XX, no hubo verdaderos movimientos políticos que lucharan contra los principios que inspiraron los ordenamientos de dichos Estados. La situación cambió radicalmente con el advenimiento de los partidos

3. La variante "terrorismo" entre fisiología y patología de los sistemas constitucionales

La opción tomada por muchos ordenamietos, de adoptar un sistema de protección de la democracia (a veces –como veremos– por via constitucional, a veces solo por via legislativa) es una elección que, por así decir, incide sobre la fisiología del sistema. Es decir, se hace presente incluso en momentos de tranquilidad social, de ausencia de amenazas internas o externas.

A la protección en sentido estricto, no corresponde la materia de los estados de emergencia (no lo están por ej. en Rumania), que así previstos autorizan a la suspensión de derechos y libertades al verificarse una situación de crisis específica, y cuyos requisitos de subsistencia, a menudo, son detalladamente descritos en los textos constitucionales que los regulan. No es raro que estos pongan límites a las limitaciones de las libertades: es este el caso de numerosas constituciones, como la de Sudáfrica (art. 37), la de Portugal (art. 19), la República democrática del Congo (art. 61), la de Hungría (art. 54, c. 1) y otras que incluyen listas de derechos no suceptibles de suspensión y medidas no asumibles; en sentido contrario las Constituciones de España (art. 55), la India (art. 123), Brasil (art. 139) –

---

totalitarios después de la I Guerra Mundial, lo cuales rechazaron los principios y la praxis del Estado liberal. Loewenstein indica como un modelo de democracia militante, durante el período de los movimientos fascistas , los casos de Bélgica, Checoslovaquia y Holanda.

aunque con el mismo efecto– dicen lo que los Ejecutivos (a los cuales corresponde normalmente la concentración del poder) *pueden* hacer.

La protección de la democracia, sin embargo, ha sufrido un cambio en los últimos años como consecuencia de la urgente necesidad de combatir el terrorismo internacional y nacional.

Incluso en el pasado, el enemigo "externo", siendo reconocible como consecuencia de una declaración de guerra y cuando llevaba un uniforme militar, a veces sin embargo asumía (como asume hoy) aspectos más insidiosos. Incluso en tiempo de guerra declarada, acerca las restricciones a las libertades justificadas por la lucha contra el espionaje, el colaboracionismo, o el apoyo al enemigo, no siempre han estado todos de acuerdo respecto al *quantum* de las medidas de vez en cuando asumidas, como pone en evidencia la jurisprudencia constitucional estadounidense sobre el internamiento de los ciudadanos de origen japonés[18].

Hoy ningún Estado declara la guerra, pero los medios para garantizar la paz interna en contra de la amenaza terrorista han sugerido en muchos casos el uso de medidas excepcionales, típicas de un Estado de guerra. No solo eso, sino que, en ocasiones, tales medidas son por tiempo indeterminado y, de hecho, se mantienen en vigor por períodos más bien largos respecto a los de una guerra tradicional, poniendo en crisis la distinción entre fisiología y patología de los sistemas constitucionales.

---

18   En particular, *Kiyoshi Hirabayashi* v. *U.S.*, 320 US 81 (1943), y *Korematsu* v. *US*, 323 US 214, 218 (1944).

En el Reino Unido, después de los *Antiterrorism, Crime and Security Act* del 2001, y el *Prevention of Terrorism Act* del 2005, el *Terrorism Act* del 2006 se ha permitido la detención, a tiempo indeterminado de extranjeros sospechosos de terrorismo sobre la base de procedimientos administrativos19. Evaluando las exigencias de seguridad relacionadas con el ejercicio de los derechos civiles, el Poder Judicial ha requilibrado una legislación manifiestamente desequilibrada, sin llegar a eliminar las normas que justifican severas medidas restrictivas de la libertad20.

Inlcuso más en los Estados Unidos, la legislación ordinaria ha introducido (especialmente con los *USA Patriot Act I y II*) graves limitaciones a los derechos constitucionales (reducción de las garantías de defensa, restricciones a las libertades personales para los extranjeros, amplia facultad de interceptar las comunicaciones). Pero a diferencia que en el pasado, han sido limitadas o anuladas por la Corte Suprema, llamada frecuentemente a pronunciarse a cerca de las posibles restricciones al mecanismo de *habeas corpus* para los prisioneros y en general sobre los límites a los podres de guerra conferidos desde el Congreso al Presidente21.

---

19   ... hasta una sentencia de la *House of Lords* del 2004: cfr. G. MORBIDELLI, *op. cit.*, p. 118.

20   ... como el tiempo máximo de 28 días de detención preventiva de los sospechosos, sin que las autoridades policiales debieran formalizar ninguna acusación; el posible uso por parte del Gobierno de la información obtenida bajo tortura en países extranjeros; audiencias de validación de medidas de seguridad a puerta cerrada; el derecho de defensa prestado por abogados elegidos por el Ejecutivo; nuevos delitos penales relacionados con el terrorismo, como la apología del mismo; "listas negras" de organizaciones terroristas. Cfr. G. MORBIDELLI, *op. cit.*, p. 118 s.

21   Tales sentencias han consagrado la extensión del *habeas corpus* a los prisioneros de Guantánamo; la competencia de las cortes federales para pronunciarse sobre los recursos que se interpongan; la aplicabilidad a tales prisioneros de las garantías mínimas previstas en los Convenios de Ginebra de 1949; la inconstitucionalidad de los procedimientos administrativos

En el corazón de esta temática está incluido, el conflicto entre seguridad del Estado y derechos; la contraposición entre seguridad y democracia se desvanece en la zona gris de la emergencia bélica, cuando la concentración del poder hace más evanescente la distinción entre forma de Estado liberal-democrática y otras formas de Estado en las que el poder está fisiológica y no patológicamente concentrado.

Al respecto, hoy más que ayer los confines entre limitaciones de los derechos en tiempo de guerra y sus restricciones en tiempo de paz aparecen efímeros, en tiempos de guerra no declarada, y sin embargo realizada, y de conexiones entre frentes bélicos y frentes internos. La definición de guerra, que según muchas Constituciones representa el presupuesto para una legítima limitación de los derechos, se resiente de la evolución del significado de la palabra, y su dilatación semántica implica que la posibilidad de limitar legítimamente la libertad sea mayor.

La internacionalización de los conflictos concurre hoy para difuminar ulteriormente los contornos de las áreas semánticas en las palabras-clave que delimitan subjetiva, objetiva y procedimentalmente el derecho de la emergencia, y que en definitiva, permiten distinguir la regla de la excepción y, de todos modos, el núcleo duro de la democracia de otras formas de organización del poder.

---

que se habían introducido y regulado en las *Military Commissions*, y la necesidad de procesar a los imputados según el procedimiento penal militar u ordinario: cfr. G. MORBIDELLI, *op. cit.*, p. 117 s. A pesar de estas resoluciones, en la *Military Commissions Act* del 2006 (que

Pero mientras el tema de la defensa externa respecto a la guerra representa una especie de pre-condición para la existencia misma del Estado –de cualquier Estado, cualquiera que sea su "forma"–, y las limitaciones impuestas a los derechos y a las libertades caracterizan todos los ordenamientos (ya sean definidos como más o menos democráticos), cuando la emergencia penetra en la vida cotidiana, el mismo nudo de la democracia puede verse comprometido. Y de hecho, desde siempre la doctrina constitucionalista ha tenido sus dudas sobre el hecho de que fuese correcto clasificar como "democráticos" varios ordenamientos latino-americanos, cuando el uso de estados de excepción, emergencia o sitio era fisiológico antes que patológico.

Todo esto se refleja también sobre el concepto de "democracia protegida", por una parte, en la medida en la que la duración de los estados de crisis se prolongan por períodos indefinidos, y por otra, en la medida en la que el objetivo de la represión es también la manifestación ideológica. Por no hablar de la discriminación, que a veces es evidente, entre ciudadanos y extranjeros, la cual socava (se incide sobre derechos de manifestación del pensamiento, de asociación, etc.) los mismos presupuestos del Estado Constitucional22.

---

establece y regula las Comisiones Militares) todavía se permiten muchas restricciones a las libertades, especialmente de los extranjeros.

22   Bibliografía en: L. PEGORARO, S. PENNICINO, *Seguridad y libertad hacia la búsqueda de un difícil equilibrio: los derechos de los extranjeros*, en *Revista Europea de Derechos Fundamentales*, n. 6, 2005, p. 17 ss. y en L. PEGORARO, *Ensayos sobre justicia constitucional, la descentralización y las libertades*, cit., p. 309 ss.; ID., *Democracia protegida y definiciones de la democracia (con particular referencia a los derechos de los extranjeros)*, en *Revista de la Facultad de Ciencias Sociales y Jurídicas de la Universidad Miguel Hernández*, n 6, 2010, p. 190 ss.

En este sentido, quien pretenda defender el núcleo duro de la democracia, y afirme que existe un derecho a defenderla, no puede ignorar las raíces históricas de tal término, que en su propia configuración normalmente comprende: la separación de poderes y la garantía de los derechos, ya sean "fundamentales" o "humanos".

Sobre el adjetivo "fundamentales", ya he tratado de demostrar que no existe un sentido común de la palabra. Cada ordenamiento y cada época histórica establece su propia axiología, y en el derecho comparado no hay ninguna acepción común (mientras que por el contrario si la hay en cada ordenamiento jurídico, en cada fase determinada de su historia23

En cuanto a los derechos "humanos", una de sus características debería ser que pertenecieran a todos, máxime cuando representa un pilar de la concepción occidental de la "democracia": ya sea por la influencia de la Ilustración francesa, o por el legado histórico del derecho anglosajón. «No taxation without representation», es decir, los hombres libres que producen riqueza tienen derecho a controlar a los Parlamentos, es la base del constitucionalismo inglés, así como de la revolución americana. Sin embargo este concepto de democracia, disociado de la nacionalidad, en casi todas partes es habitualmente olvidado, tanto en la elaboración de políticas de derechos discriminatorios por razón de nacionalidad, así como en la

---

23   Ver L. PEGORARO, *Direito constitucional e uso conotativo dos direitos (e dos adjetivos que o acompanham)*, en *Revista brasileira de Estudos constitucionais – RBEC*, n. 12, 2009, p. 93 ss., trad. esp. *Derecho Constitucional Comparado y uso connotativo de la palabra "derechos" (y de los adjetivos que la acompañan)*, en *Anuario iberoamericano de derecho constitucional*, n. 14, 2010, p. 347 ss., y en L. GONZÁLEZ PLACENCIA, J. MORALES SÁNCHEZ (coords), *Derechos Humanos en perspectiva: actualidad y desafíos en el siglo XXI*, Fontamara, México, 2012, pp. 39 ss.

redacción de las normas de restricción de los derechos, incluso los más básicos como el *habeas corpus*, que en una debida ubicación debería pertenecer al supuesto "núcleo duro".

El Estado nacional, de todos modos, se resiste a morir, a pesar de la internacionalización del derecho y la globalización, y esto se evidencia incluso sobre otros formantes.

También dentro del formante doctrinal, la carga connotativa, simbólica, evocativa, el valor mágico de la palabra "democracia", parece que se usa (incorrectamente) para las operaciones conceptuales que dejan en el olvido palabras y conceptos que en un tiempo fueron fuertes, pero que hoy son escasamente adquiridos en el *free trade market of ideas*, como la "estatalidad". La seguridad se convierte, pues, en el parámetro o en el valor ponderable, no para la defensa del Estado, sino para la defensa de la democracia[24]; y los no ciudadanos, los inmigrantes, los extranjeros, los que en definitiva no pertenecen al Estado, no son sacrificados –cuando lo son–, en nombre de la estatalidad, sino en nombre de la defensa del mismo valor: la democracia y la exigencia de su defensa[25].

---

24   Respecto a la seguridad como bien social y las directas consecuencias sobre la ponderación realizada por los Tribunales v. M. ROSENFELD, *Judicial Balancing in Times of Stress: Comparing the American, British and Israeli Approaches to the War on Terror*, en *Cardozo Law Review*, n. 27, 2006, p. 2079 ss. V. también K. ROACH, *Must We Trade Rights for Security? The Choice Between Smart, Harsh, or Proportionate Security Strategies in Canada and Britain*, en *Cardozo Law Review*, n. 27, 2006, p. 2151 ss.

25   V. la reconstrucción relativa al ordenamiento italiano de P. BONETTI, *Terrorismo e stranieri nel diritto italiano: disciplina legislativa e profili costituzionali, Parte I*, en *Diritto, immigrazione e cittadinanza*, n. 3, 2005, p. 13 ss., e ID., *Terrorismo e stranieri nel diritto italiano, disciplina legislativa e profili costituzionali, Parte II*, en *Diritto, immigrazione e cittadinanza*, n. 4, 2006, p. 13 ss.

Esto nos lleva de nuevo al problema de las definiciones y clasificaciones de la «democracia», indispensables para analizar tal término, en relación con el adjetivo de «protegida».

En el lexico constitucionalista, siguiendo la doctrina de Loewenstein, el concepto de «democracia protegida» o «militante» no se refiere tanto al grado de participación en la toma de decisiones (y por lo tanto la exclusión de clases de sujetos: mujeres, extranjeros, negros, etc.) o el uso o duración de los estados de excepción, ni el grado de equilibrio entre la seguridad y los derechos individuales. Por el contrario, convencionalmente se refiere a los límites impuestos a los partidos políticos para participar en el juego democrático, si, en la opinión de los constituyentes, del legislador o incluso de la jurisprudencia, sus programas y su acción puede poner en peligro los valores considerados como fundamentales por el ordenamiento.

4. Clases y circulación de modelos

Los ordenamientos que protegen con varias medidas la democracia se pueden clasificar de diversas formas –utilizando distintos elementos determinantes– 26 en función de: a) el nivel normativo de las fuentes que plantean; b) de su objeto (la ideología y/o la integridad territorial, o determinados "valores"); c)

---

26   Sobre la teoría de los elementos determinantes para clasificar véase a L.J. CONSTANTINESCO, *Einführung in die Rechtsvergleichung, Band I: Rechtsvergleichung*, Carl Heymanns-Verlag, Khöln, 1971, tr. fr., *Introduction au droit comparé*, en *Traité de droit comparé*, Lgdj, Paris, 1972, tome I, trad. it., *Introduzione al diritto comparato*, Giappichelli, Torino, 1996; ID., *Die rechtsvergleichende Methode*, Band II: *Rechtsvergleichung*, Carl Heymanns-Verlag, Khöln, 1972, tr. fr., *Le méthode comparative*, in *Traité de droit comparé*, Lgdj, Paris, 1974, tome II, trad. it., *Il metodo comparativo* (al cuidado de A. Procida Mirabelli di Lauro), Giappichelli, Torino, 2000.

la identificación mas o menos precisa de las formaciones que se prohiben y de la direccionalidad de la protección.

En cuanto al primer perfil –el nivel de las fuentes– es preciso tener en consideración los ciclos constitucionales y por tanto la fase temporal en la cual la eventual disciplina de protección ha sido introducida. Por razones obvias, relacionadas con los factores políticos y sociales que las forman, las Constituciones más antiguas, no contenían cláusulas de protección. Esto puede haber sido entendido como una autorización para introducirlas por vía legislativa, o viceversa como una prohibición de hacerlo. Una propuesta de clasificación, por lo tanto, no puede poner en el mismo grupo de ordenamientos aparentemente pertenecientes a ciclos constitucionales diferentes. El análisis sincrónico, por tanto, debe ir acompañado de una evaluación diacrónica, atendiendo a la evolución de cada sistema.

Acerca del segundo aspecto, la inclusión, a efectos de clasificación, de las medidas que, a veces expresamente protegen de los atentados ideológicos dirigidos contra la integridad territorial depende de esta característica: esta última, como la seguridad, representa el *prius* de un ordenamiento, más que un bien para tutelar. La disciplina normativa eventualmente introducida protege todo el sistema jurídico del cual emana, incluidas aquellas partes del territorio que manifiestan, en algunos de sus componentes, pretensiones de separación.

Sin embargo, tanto las disposiciones de orden internacional sobre el derecho a la autodeterminación de los pueblos, como los procedimientos internos, garantizan a menudo, en modo cualificado, la libertad de expresión de las minorías territoriales. El problema de la defensa del Estado en su componente territorial puede entonces convertirse (retóricamente) en el problema de la defensa de la democracia o, mejor dicho, en la defensa de una concreta manifestación: la libertad de militar en favor de la desintegración del Estado o de su fragmentación (dejando a salvo, sin embargo, la modalidad pacifista). Por lo tanto, puede encajar en la amplia clase de la protección ideológica.

Al mismo tiempo, una visión moderna del concepto de «democracia protegida» no puede olvidar –desde el punto de vista de la "globalización" y también del formante doctrinal– que la represión ideológica puede comprender también la barrera para partidos o asociaciones que abogan por el establecimiento de una religión concreta, así como aquellos que no aceptan determinadas bases convencionales de la democracia, a medida que evoluciona desde el punto de vista definitorio (y por consiguiente, prohíbe partidos y asociaciones que propugnan el racismo, o promocionan otras formas de discriminación).

Razones históricas están también en la base del tercer elemento fundamental a considerar: la elección de reprimir indistintamente las ideologías hostiles con la democracia (en un sentido "occidental") puede tener inspiraciones muy diferentes de la decisión de prohibir un partido específico: una cosa es manifestar –por via constitucional o legislativa– una opción de protección indeterminada, que se basa sólo en razones político-ideológicas y a determinadas doctrinas políticas (a fin de cuentas, por una cierta concepción de la "democracia"), y otra es prohibir un partido específico, responsable de crímenes, guerras, privación de la libertad y, en cuanto depositario de ideologías aberrantes, reprimir al mismo tiempo su corriente ideologica.

De la elección puede depender a veces la decisión de prohibir solo un partido específico y su específica ideología, o por el contrario más partidos de orientación contraria. En este caso, la decisión no es tan diferente de aquella que prohibe todos los partidos "enemigos de la democracia".

La doctrina que ha estudiado el tipo y nivel de protección de la democracia generalmente se limita a señalar dos modelos clásicos, de los que eventualmente se pueden deducir algunas clasificaciones: así pues, divide los ordenamientos que no protegen de aquellos que protegen; entre estos últimos, de un lado se señala el modelo alemán, el cual es un prototipo de sistema constitucionalizado, cuya regulación está anclada a determinadas razones históricas, y que bilateralmente afecta a las ideologías contrarias; y por otro el sistema estadounidense, derivado de la evolución de una Constitución de una sociedad monoclase e integrada, carente de cobertura constitucional, pero que ha desarrollado una densa legislación represiva y una notable jurisprudencia vacilante. El ordenamiento jurídico italiano es a veces recordado por la característica de la unidireccionalidad, ya que contiene una disposición constitucional que prohíbe la reconstitución del disuelto partido fascista.

De conformidad con el art. 21, c. 2 de la Ley Fundamental alemana, están prohibidos los partidos que «tienen la intención de dañar o eliminar el ordenamiento fundamental democrático y liberal». A su vez, el artículo. 9, c. 2 GG prohíbe «las asociaciones cuyos objetivos y actividades entren en conflicto con las leyes penales, o se dirijan contra el ordenamiento constitucional o contra el principio de tolerancia entre los pueblos». Según el art. 18 *in fine*, el Tribunal Constitucional Federal puede declarar la pérdida de los principales derechos públicos subjetivos en contra de aquellos ciudadanos que los hayan aprovechado con el fin de luchar contra el ordenenamiento fundamental democrático y liberal. En la aplicación de tal norma, la ley sobre *Berufsverbot* prohibe la contratación en la administración pública, y autoriza el despido de aquellos que «den lugar a dudas en cuanto a su voluntad de apoyar en todo momento el orden constitucional libre y democrático»27.

Según los cánones arriba indicados, Alemania presenta, pues, una disciplina a nivel constitucional, sin identificación precisa de las formaciones y actividades prohibidas, y por lo tanto bidereccional (en el sentido de que la Constitución protege frente a las amenazas que pueden provenir tanto de "derecha" como de "izquierda"), no solo de la represión ideológica, sino que

---

27   V. todavía G. MORBIDELLI, *op. cit.*, p. 128: «Estas prohibiciones se han aplicado con razonabilidad y proporcionalidad. Por lo tanto, el Tribunal Constitucional alemán dictaminó que la negación de los valores supremos del ordenamiento democratico y liberal no es suficiente, por sí mismo, para ejecutar el contenido material del concepto de "partido anti-sistema"». El art. 21, c. 2 GG es, de hecho, interpretado en el sentido de que a la oposición "ideológica", se debe añadir un comportamiento «activo y agresivo en contra del ordenamiento jurídico vigente». Por tanto, un partido ha de considerarse inconstitucional cuando de demuestra una verdadera intención de dañar o eliminar el sistema de valores establecido por la *Grundgesetz*, si hace surgir una seria «preocupación para el futuro».

también podría afectar a otros tipos de ataques (por ejemplo, las actividades destinadas a la secesión).

Por razones derivadas de la tipología y del ciclo constitucional al que pertenece, la Constitución de EE.UU. no dice nada acerca de la protección, salvo que atribuye al Congreso la facultad de repremir las insurrecciones y rechazar las invasiones (art. I, sec. 8, § 15); consentir la suspensión del *habeas corpus* cuando la seguridad pública lo requiera en casos de rebelión o invasión (artículo I, sección 9), y permitir la exclusión de las garantías de defensa de los militares en tiempo de guerra o peligro público (V enmienda). Por tanto, la protección de la democracia en los Estados Unidos, no tiene una directa base constitucional. Esto, no ha impedido el desarrolllo de una legislación y de una elaborada jurisprudencia constitucional que han introducido a los EE.UU. en el cauce de la democracia protegida. Se hace notar, en particular, la legislación aprobada durante la llamada Guerra Fría (*Internal Security Act* y *Communist Control Act*), acompañada de las medidas tomadas por el Ejecutivo encaminadas a la protección de la Administración Federal de infiltraciones comunistas (por ejemplo el *Federal Civilian Employee Loyalty-Security Program*); sin embargo, había estado precedida por otras *Acts*, como – después *The Alien and Sedition Acts* del 179828 y sucesivas medidas – l'*Espionage Act* del 191729, o *The Alien Registration*

---

28   *Vid.* por ej. J.M. SMITH, *Freedom's Fetters: The Alien and Sedition Acts and American Civil Liberties*, New York, 1956, e J.C. MILLER, *Crisis in Freedom: The Alien and Sedition Acts*, Boston, 1951.

29   Tal como para inducir a R.K. MURRAY, a escribir un libro titulado, *Red Scare: A Study in National Hysteria, 1919-1920*, University of Minnesota Press, Minneapolis, 1955. Esto se refleja en los comentarios de la legislación de la época maccartista: R. HOFSTADTER, *The paranoid Style in American Politics and Other Essays*, Calfred A. Cup., New York, 1965.

Act of 1940, mejor conocida como *Smith Act*, y seguidas por leyes estatales igualmente restrictivas. La jurisprudencia se terminó en 1956 en el famoso caso *Dennis vs United States*, que de hecho, convertía la cláusula del *clear and present danger* en un *clear and probable danger*, para inclinar la balanza en favor de la protección de la seguridad, y no de la libertad de pensamiento, recogida en la Primera Enmienda. Incluso la jurisprudencia posterior (por ejemplo, *Subversive Activities Control Board v. Communist Party*, 367 US I, 1961), que intentó atenuar los requisitos sobre la obligación de declarar la propia pertenencia a una asociación *a priori* considerada transgresiva, y como tal inscrita en un registro llevado por el *Attorney General*, nunca llegó a reequilibrar totalmente el test de *"peligro manifiesto e inminente"* a favor de la libertad de pensamiento y de crítica30.

Los EE.UU. son, por lo tanto, una democracia protegida, no cubierta constitucionalmente, que a nivel legislativo sanciona bidireccionalmente la oposición anticonstitucional (aunque, de hecho, después de la Segunda Guerra Mundial ha perseguido la oposición ideológica comunista), y que, incluso a nivel legislativo, ha tomado medidas para identificar puntualmente las formaciones políticas que le afectan; la cual, finalmente, persigue a la oposición ideológica pero, no a aquellos partidos (inexistentes) que amenacen la integridad territorial.

---

30   La literatura es muy amplia: v. al menos la voce *Clear and Present Danger Test*, in B.A. GARNER, *Black's Law Dictionary*, VIII ed., West Group, Eagan (Minn.) 2004; W. MENDELSON, *The American Constitution and the Judicial Process*, Wadsworth Pub Co., Homewood, Illinois, 1980, p. 397; M. SHAPIRO, *Freedom of Speech: The Supreme Court and Judicial Review*, Englewood Cliffs, N.J., 1966.

En Italia, la situación es diferente en algunos perfiles clasificatorios: el ordenamiento está protegido, de conformidad con el Tratado de Paz y por elección de los constituyentes, por la disposición transitoria y final duodécima de la Constitución, que prohíbe cualquier forma de reorganización del disuelto partido fascista31. Por el contrario, para los demás partidos y formaciones políticas, el art. 49 de la Constitución, establece solo que estos contribuyan «a través del método democrático» a determinar la política nacional. Esto significa, según la interpretación actual, basada además en los trabajos preparatorios de la Constitución, que el único obstáculo es la prohibición de recurrir a la violencia, por lo tanto, se consideran legítimos los partidos y asociaciones que por su estatuto, programa y comportamiento, propugnen el derrocamiento del orden democrático, pero por medios democráticos (es decir, una vez que llegan al poder a través de elecciones libres)32.

Así pues, desde el punto de vista clasificatorio, Italia tiene una protección constitucional unidireccional, específica (que se dirige sólo contra

---

31   Según G. Morbidelli, *op. cit.*, p. 130, «Bien puede decirse que la disposición en cuestión es constitucional o incluso supraconstitucional, ya que identifica la fundamental decisión política sobre la cual los constituyentes basaron el nuevo proceso de estructura política: es decir, lo contrario respecto del régimen totalitario anterior, cuya finalidad se dirige a prohibir la reconstitución de los partidos políticos prohibidos».

32   Este planteamiento no está en contradicción con la legislación que desarrolla el art. 18 de la Constitución, que prohíbe las asociaciones secretas y aquellas que «persigan, incluso indirectamente, fines políticos mediante organizaciones de carácter militar»: Ley de 25 enero de 1982, n. 17 y Decreto Legislativo 14 de febrero de 1948, n. 43. Y, en general, las que persigan fines «no prohibidos a los individuos por la ley penal». Parecería, pues, que el legislador puede decidir libremente cuáles son los fines prohibidos a los individuos, como aquellas asociaciones que se consideran lícitas. Sin embargo, estas encuentran otros límites fijados por la misma Constitución y, en todo caso, la disciplina constitucional no permite interpretaciones extensivas de la única barrera impuesta (la de la disposición transitoria XII). Sobre el problema de la referencia a la ley ordinaria v. *infra*, § 6.

los partidos neo-fascistas) y encauzada a reprimir una ideología determinada y no los antentados contra la integridad territorial (a pesar de ciertas disposiciones del Código Penal en este sentido).

El análisis comparativo –como sucede a menudo– puede basarse en la circulación de modelos, y crear clases caracterizadas por la adherencia a un prototipo, o deconstruir el existente y, no teniendo en cuenta la observación empírica de la realidad en evolución, así como las diferentes inspiraciones y soluciones, rechazarlas y actualizar las clases tradicionales33.

En cuanto a la circulación de modelos, a menudo se observa que el modelo alemán ha influido en muchos países del Este de Europa 34.

Bastante más complicado resulta el estudio de la circulación del modelo estadounidense, que parece ser un *unicum*: no porque la Constitución no protege la democracia (muchos otros no lo hacen, aunque por razones diferentes), ni porque lo haga la legislación, ni siquiera por la "bidireccionalidad" de la protección (que caracteriza a casi todos los ordenamientos). Sino más bien porque éste se caracteriza por una inusual inestabilidad entre las fases proteccionistas y las etapas más liberales, y sobre

---

33   Para una crítica al "platonismo" de las clasificaciones tradicionales, ver a G. TUSSEAU, *Modelli di giustizia costituzionale. Saggio di critica metodologica – Contre les «modeles» de justice constitutionnelle. Essai de critique metodologique*, Bup, Bologna, 2009; ID., voz *Classificazioni*, en L. PEGORARO (a cura di), *Glossario di Diritto pubblico comparato*, Carocci, Roma, 2009, p. 41 s., ed. mexicana al cuidado DE E. FERRER MAC-GREGOR, M. NÚÑEZ TORRES, C. ASTUDILLO, G. ENRÍQUEZ FUENTES, P. TORRES ESTRADA, *Glosario de Derecho Público comparado*, Porrúa, México, 2012, p. 29 s.

34   *Infra*, § 6.

todo porque lo que se advierte algunas veces es la circulación por vía judicial de las doctrinas de equilibrio propuestas por la Corte Suprema35.

Italia, finalmente, no representa un verdadero modelo, excepto porque, constitucionaliza, en el cauce de un rechazo general de represión ideológica, el mandato de prohibición de un partido específico (y de su ideología).

---

35   Sobre la circulación de modelos por via judicial v. en general: G. GORLA, *Diritto comparato e diritto comune europeo*, Giuffré, Milano, 1981, p. 543 ss.; R. SACCO, *Introduzione al diritto comparato*, Utet, Torino, 1997, p. 137; V. GREMENTIERI, *La circolazione dei modelli normativi nel sistema giuridico europeo: il contributo delle Corti europee*, en *Rivista di diritto civile*, Cedam, Padova, n. 5, 1990, p. 547; L. PEGORARO, A. RINELLA, *Introduzione al diritto pubblico comparato. Metodologie di ricerca*, Cedam, Padova, 2002, p. 66, trad. esp., *Introducción al Derecho Publico Comparado*, Unam, México, 2006, p. 107 s., y Palestra, Lima, 2006, p. 94; ID., *Diritto pubblico comparato. Profili metodologici*, Cedam, Padova, 2007, p. 92, y ahora G. DE VERGOTTINI, *Oltre i dialogo tra le corti. Giudici, diritto straniero, comparazione*, il Mulino, Bologna, 2010.

           Sobre el uso del derecho comparado por parte de las Cortes constitucionales : G.F. FERRARI, A. GAMBARO (al cuidado de), *Corti nazionali e comparazione giuridica*, Esi, Napoli, 2006; M.-C. PONTHOREAU, *Le recours à «l'argument de droit comparé» par le juge constitutionnel. Quelques problèmes théoriques et tecniques*, en F. MELIN-SOUCRAMANIEN (al cuidado de), *L'interprétation constitutionnelle*, Dalloz, Paris, 2005, p. 168 ss. y nt. 5 ; L. PEGORARO, *La utilización del derecho comparado por parte de las Cortes Constitucionales: un análisis comparado*, en *Revista General de Derecho Público Comparado – Comparative Public Law Review*, 2007, p. 115 ss., en *Palestra del Tribunal Constitucional. Revista mensual de Jurisprudencia*, n. 7, 2007, p. 729 ss., y en E. FERRER MAC-GREGOR - A. ZALDIVAR LELO DE LARREA (coords), La Ciencia del Derecho Procesal Constitucional. Estudios en homenaje a Héctor Fix-Zamudio en sus cincuenta años como investigador del Derecho, t. II, Tribunales constitucionales y Democracia, México, Unam - Instituto Mexicano de Derecho Procesal Constitucional - Marcial Pons, 2008, p. 433 ss., e *ivi* bibliografía; en particular, sobre las cortes estadounidenses ver A. M. SLAUGHTER, *A Typology of Transjudicial Communication*, en *Un. of Richmond Law Review*, 1994, n. 29, p. 99 ss.; P.K. TRIPATHI, *Foreign Precedents and Constitutional Law*, en *Columbia Law Review*, 1957, n. 57, p. 319 ss.; G.P. FLETCHER, *Comparative Law as a Subversive Discipline*, en *American Journal of Comparative Law*, 1998, n. 46, p. 683 ss.

5. Clasificaciones dúctiles

Para encuadrar el fenómeno de la "democracia protegida", no parece suficiente, por un lado, apoyarse en clasificaciones dicotómicas, como la que tajantemente corta con una hacha y dice que: «hay un solo concepto de "democracia", el occidental», o a lo sumo se limita a crear una subclasificación entre democracia "pura" y democracia "protegida". Por otro, las múltiples facetas que tienen las disciplinas positivas hace que sea difícil elaborar ulteriores subdivisiones sólo aferrándose a los fenómenos imitativos y a la circulación de modelos, que siempre sufren adaptaciones (también profundas) y, especialmente, las limitaciones de las diferentes culturas y de las diversas situaciones de hecho.

Hoy, como ya se ha dicho, en la doctrina constitucional, existe la tendencia a dividir el mundo en dos clases: las democracias (los buenos) y todo lo demás (los malos). Es evidente que el simplismo clasificatorio no ayuda a comprender la realidad. Para ilustrar esto con un ejemplo, colocar en el mismo grupo (o clase) los ordenamientos socialistas, los teocráticos o hierocráticos, los autocráticos y los totalitarios, permiten únicamente distinguirlos de las democracias, pero no explica las profundas diferencias existentes entre ellos. Sería como dividir los colores en dos categorías: los claros y los oscuros.

Pero, desde la perspectiva opuesta, tampoco son útiles las clasificaciones demasiado detalladas. Ninguna gota de agua es idéntica a otra, como tampoco lo es ninguna hoja. Si se insiste demasiado en las diferencias, no se hace una verdadera clasificación, se describe cada objeto de investigacion (*monadi*) de forma secuenciada y se pierde, por tanto, la oportunidad de racionalizar la experiencia. En una tienda de pinturas, los posibles matices de verde, rojo, amarillo se cuentan por decenas. Los rayos de luz irisados es un buen ejemplo de clasificación (recogida de la verificación empírica): ni muchos ni demasiado pocos, incluso si algún color se matiza en otro. De aquí la posibilidad de subclasificar los verdes, amarillos, rojos…36

Todo esto da buena muestra de la subjetividad de las clasificaciones y de la exigencia de moderar su rigor, especialmente en las ciencias humanas, como el Derecho.

La metáfora del arcoiris refleja, además, otras cuestiones.

La primera atañe a la lógica de las clasificaciones, con referencia a dos modos de pensar, identificados con las categorías de monotéticas y politéticas.

Nos recuerda S. Baldin que la categoría monotética, de derivación aristotélica, se basa en la lógica binaria, según la cuál, cada enunciado puede ser, únicamente, verdadero o falso (en efecto, solo los enunciados descriptivos tendrían esta cualidad, porque de un enunciado deóntico, como de otros tipos de enunciados, no puede predicarse ni la verdad ni la

---

36   En efecto, los colores del arcoiris son seis: rojo, naranja, amarillo, verde, azul y violeta, aunque se suele incluir el añil, que normalmente no es considerado un color, sino un matiz del violeta (ello para alcanzar el número siete, tenido por más solemne).

falsedad)37. La idea subyacente es que, para adscribirlos a una clase, todos los objetos investigados deben poseer un cierto número de características comunes. Cada característica es necesaria, y, en su conjunto, aquéllas son suficientes para establecer la pertenencia a una clase38. A esta categoría pertenecen las clasificaciones intencionales.

Las clases, sin embargo, se crean por medio de procesos inductivos, basados en la percepción y en el reconocimiento inmediato; reflejan, éstas, las estrategias clasificatorias que operan en la mente y que se reconducen a las llamadas categorías politéticas. Con esta expresión se refiere un principio, introducido, inicialmente, por las ciencias naturales y después adoptado por la psicología cognitiva, dirigido a superar el esquema dicotómico. Según los biólogos Sokal y Sneath, citados por S. Baldin, las taxonomías politéticas reagrupan elementos que tienen el más amplio número de elementos en común, sin que ninguna característica sea esencial para definir la pertenencia a una clase, ni suficiente para garantizar el encuadre de un objeto en dicha clase determinada. Las taxonomías politéticas permiten comparar en forma débil elementos que se asemejan en algo auque ninguno comparta rasgos precisos con todos los demás39. A esta categoría pertenecen las clasificaciones extensionales40.

37   BALDIN, S., *Riflessioni sull'uso consapevole della logica fuzzy nelle classificazioni fra epistemologia del diritto comparato e interdisciplinarietà*, en *Revista General de Derecho Público Comparado – Comparative Public Law Review*, n. 10, 2011.

38   Cfr. P. GLENN, *Legal Traditions of the World: Sustainable Diversity in Law*, 4ª ed., Oxford Un. Press, Oxford, 2010, p. 368 ss.

39   *Vid.* R. NEEDHAM, *Polythetic Classification: Convergence and Consequences*, en *Man*, n. 3, 1975, p. 356. *Vid.* ademas C. PIGNATO, voz *Classificazioni politetiche*, en U.

Una segunda cuestión se refiere a las operaciones intelectuales que dan lugar a las tipologías, es decir ¿qué tipo de operaciones se hacen para clasificar?

Aunque a la sistematización precede, normalmente, la fase de cotejo41, habitualmente el estudioso parte de una precomprensión del objeto de estudio y desarrolla el análisis comparado perfeccionando, durante el curso del trabajo, las hipótesis y tabla clasificatoria42. A nivel cognoscitivo, estos procesos vienen entendidos como secuencias que pueden subdividirse en tres fases concatenadas que se suceden y se alternan, a menudo de forma recurrente. La primera fase se arranca de una multiplicidad de percepciones y razonamientos y, en su ámbito se puede aludir a las representaciones por abstracción, a la búsqueda de analogías, clasificaciones, subsunciones y deducciones. En la segunda fase se formulan hipótesis que, posteriormente, han de ser verificadas o refutadas. En la tercera fase se construyen los modelos43.

Un primer método consiste en usar el "recorte conceptual" cuando se presume que un objeto puede moverse a lo largo de una escala de

---

FABIETTI, F. REMOTTI (a cura di), *Dizionario di antropologia*, Zanichelli, Bologna, 1997, p. 172.

40   Cfr. S. BALDIN, *op. cit.*

41   *Vid.* N.J. SMELSER, *La comparazione nelle scienze sociali*, il Mulino, Bologna, 1982, p. 226 s.

42   En este sentido G.U. RESCIGNO, voz *Forme di stato e di governo*, en *Enciclopedia giuridica*, XIV, Treccani, Roma, 1989, p. 9.

43   S. BALDIN, *op.cit.*, se refiere a D. TISCORNIA, *Una metodologia per la rappresentazione della conoscenza giuridica: l'ontologia formale applicata al diritto*, p. 3, en http://www.egov.ufsc.br/portal/sites/default/files/anexos/25363-25365-1-PB.pdf (17/8/2011).

generalidades articulada en modo siempre más restringido, respetando los criterios de exhaustividad y exclusividad. Constituye ejemplo de ello, en la zoología, el estudio del género a la especie, o la reclasificación de los colores adscritos a la clase "verde" en "verde pistacho", "verde oliva", "verde esmeralda", etc... El conjunto de atributos que definen las cualidades necesarias para pertenecer a una clase se denomina "intención", y la clasificación, en tales casos, se llama "intencional"44. Su principal ventaja consiste en la simplicidad y claridad de las clases creadas, a las cuales pueden asignarse fácil e inequívocamente nuevos elementos45.

Un segundo método consiste en reagrupar, inductivamente, objetos pertenecientes a un conjunto en subconjuntos homogéneos determinados por algunas de sus propiedades. El objetivo es maximizar su semejanza, enfatizando, al mismo tiempo, la diversidad respecto de otras clases46. Las clasificaciones así producidas se denominan "extensionales". Las ventajas de las clasificaciones extensionales consisten en que las clases son más fieles a la realidad empíricamente observable, contienen un elevado número de informaciones y presentan menores riesgos de exclusión arbitral, en cuanto los confines entre las respectivas clases no son rígidos47.

---

44   *Vid. amplius*, A. MARRADI, voz *Classificazioni, tipologie, tassonomie*, en *Enciclopedia delle Scienze sociali*, vol. II, Treccani, Roma, 1992, p 22 ss.

45   Sobre este tema, *vid.* T. BRENNAN, *Classification: An Overview of Selected Methodological Issues*, en *Crime and Justice. A Review of Research*, n. 9, 1987, p. 215.

46   Ver G. DI FRANCO, *EDS: Esplorare, descrivere e sintetizzare i dati. Guida pratica all'analisi dei dati nella ricerca sociale*, 2ª ed., Franco Angeli, Milano, 2005, p. 223, nt. 21.

47   *Vid.* R. NEEDHAM, *op. cit.*, p. 358; T. BRENNAN, *op. cit.*, p. 216.

La *fuzzy sets theory*, planteada por el matemático Zadeh en el año 1965, se basa en clases con contornos vagos y en la idea de que los objetos pertenecen a las clases solo en cierta medida, matizando el resultado dicotómico perseguido por las teorías clásicas: usar éstas persiguiendo la precisión, puede llevar a perder de vista el verdadero significado. «Los conjuntos *fuzzy* –recuerda S. Baldin– conciben la colocación incierta – desarrollando el paradigma de la pertenencia mediante la noción del "grado de pertenencia"– dónde el tradicional estudio de los conjuntos establece, en cambio, un umbral exacto que determina si un objeto puede o no pertenecer a una clase»48.

El interés de estas propuestas, formuladas por estudiosos de las ciencias exactas y, desde hace tiempo, acogidas por los investigadores de las ciencias sociales, parece notable también para los juristas, y útil para clasificar las democracias.

---

48   Y cita, refiriendo a A. SANGALLI, *L'importanza di essere* fuzzy. *Matematica e computer*, Bollati Boringhieri, Torino, 2000, p. 23, el concepto de personas ancianas. A los cinco años una persona con seguridad no es anciana (y su grado de pertenencia al conjunto será 0), mientras que a los noventa y cinco se puede considerar, con toda certeza, anciana (y tendrá un grado de pertenencia 1). Entre los cinco y los noventa y cinco años existe una zona gris, representada numéricamente por los grados de pertenencia mayores a 0 e inferiores que uno, que crecen en función del avance de la edad.

6. Disciplina positiva de la protección constitucional y clasificaciones de "democracia/as"

Una desconstrucción (y posterior re-construcción) de las clases de "democracias" puede, proponiendo conjuntos debiles, desplazar precisamente la utilización de los elementos señalados al inicio del § 4.

Utilizando el análisis del contenido, y al mismo tiempo, este enfoque metodológico, cabe destacar en primer lugar que no parece científicamente correcto proceder dicotómicamente, dividiendo el mundo en dos clases (las democracias y "los otros"), y luego la democracia en dos sub-clases ("pura" y "protegida")49. Aunque preferentemente, propondría escalas graduadas de clasificación de los sistemas. Estas escalas pueden ser diferentes en función del elemento determinante tomado en consideración.

Como se ha constatado, en el ámbito de la forma de Estado democrático-liberal, algunos ordenamientos protegen la democracia, otros no. La ruptura, sin embargo, no es evidente, ni desde un punto de vista temporal, ni desde la perspectiva comparativa/sincrónica. Algunas medidas han existido siempre y siempre existirán. El difícil equilibrio entre el ejercicio de los derechos (expresión, reunión, asociación política, etc.) y la exigencia de autoconservación del Estado requieren la represión de las conductas antisociales. El paso de la "pureza" a la "protección" no se da solo a través de la represión de los partidos antisistema, sino que conoce

---

49   Así como, desde una perspectiva diacrónica, no existe una clara división entre Constitución liberal y Constitución democrática, *Vid.* G. BOGNETTI, *Lo spirito del costituzionalismo americano*, I, *La Costituzione liberale*, y ID., *Lo spirito del costituzionalismo americano*, II, *La Costituzione democratica*, Giappichelli, Torino, 2000.

soluciones intermedias, jurídicas como la extensión de los delitos de opinión o las disciplinas sobre fidelidad en la Administración Pública, o incluso factuales como el abuso de los estados de crisis.

Todos los ordenamientos, sin excepción, persiguen las manifestaciones de pensamiento político, individuales o colectivos, que pretenden imponerse con la violencia (el Estado exige ser el único titular de la fuerza). Sin embargo, se suele distinguir entre los sistemas jurídicos que interponen sólo limitaciones metodológicas (prohibiendo el uso de la violencia), de aquellos que persiguen las ideas (expresadas a través de asociaciones y partidos políticos) por su contenido. Sólo este último caso, podría insertarse dentro de la clase de las democracias protegidas. Sin embargo, un problema importante –como lo demuestra la jurisprudencia estadounidense y de otros países– es la dificultad de distinguir donde termina la manifestación del pensamiento y donde comienza la incitación a la violencia. Solamente el análisis de la legislación pero sobre todo de la jurisprudencia, país por país, y fase histórica por fase histórica, permite clasificaciones acertadas (aunque siempre dinámicas).

- Desde el punto de vista de las fuentes de autorización, hay ordenamientos que establecen límites a los derechos de crítica, de propaganda, de reunión, de asociación, y especialmente a los partidos, en el mismo texto constitucional (y son muchos); otros confian la tarea a la ley orgánica (aprobada con procedimientos especiales, y por tanto privando la elección, al menos en teoría, de la mayoría simple); otros operan a nivel de la legislación ordinaria o incluso mediante actos del Ejecutivo (como en los EE.UU.).

En muchos casos, la Constitución no dice nada, autorizando tanto interpretaciones en el sentido de la licitud de los límites, como en la dirección opuesta; en otros casos la Constitución limita expresamente el asociacionismo político, no vinculado a la finalidad, sino al método, y el problema de la protección, por consiguiente, se trata en la Constitución para acotar el poder del legislador. Por último, la legislación es a menudo constitucionalizada, siguiendo el modelo alemán, no para limitar al legislador, sino para autorizarlo a limitar los partidos anti-sistema y prohibir las asociaciones políticas que atenten contra el núcleo de los principios democráticos (u otros valores).

En cuanto al componente representado por el nivel de protección, a veces la disciplina constitucional puede representar, a efectos de clasificación, sólo un indicio. No sólo por las razones anagráficas, ya señaladas, de muchos textos, sino también porque el aparente obstáculo de barreras ideológicas a los partidos y las asociaciones antisistema pueden estar enmascarados por fórmulas insidiosas, como las que se refieren a la ley para reprimir los abusos.

En la gran dicotomía (democracia protegida/democracia pura), a la segunda clase (dúctil) parecen pertenecer pocas excepciones: además del Reino Unido, y al lado de las ya citadas Francia y Guatemala, se encuentra el ejemplo de Bélgica, que a pesar de haber renovado recientemente su

Constitución no prevé barreras específicas; así como, tampoco lo hace el nuevo texto de la Constitución Suiza, que entró en vigor el 1 de enero de 2000, en las dispersas y breves disposiciones sobre los partidos y el derecho de asociación. Faltan disposiciones constitucionales precisas sobre los fines también en otras constituciones, como se puede observar en la de Uruguay: mientras que para el derecho de asociación no cualificado el artículo 39 reconoce que: «Todas las personas tienen el derecho de asociarse, cualquiera sea el objeto que persigan, siempre que no constituyan una asociación ilícita declarada por la ley» (y por lo tanto opera una remisión a la ley), y el 77, c. 11, que en el *incipit*, expresa que «El Estado velará por asegurar a los partidos políticos la más amplia libertad», luego continúa diciendo que: «Sin perjuicio de ello, los partidos deberán: (...) a) ejercer efectivamente la democracia interna en la elección de sus autoridades; b) dar la máxima publicidad a sus Cartas Orgánicas y Programas de Principios, en forma tal que el ciudadano pueda conocerlos ampliamente». No parece que esto se configure como una protección expresa, sino solo como un límite generaliazado de orden metodológico. También en Venezuela, el art. 67 asegura a los ciudadanos el derecho de asociación política «mediante métodos democráticos de organización, funcionamento y dirección». Sin embargo, en este caso la vaguedad de los términos (especialmente la palabra «dirección») autoriza cualquier interpretación. En los Balcanes, no existe una disposición *ad hoc*, en Bosnia-Herzegovina, cuyo texto constitucional no prevé fórmulas de proteccción.

Resulta más simple deducir la pertenencia a la clase de la democracia «pura», donde la disciplina constitucional está expresamente dirigida a concretar los límites al legislador: en este sentido, el art. 78 de la Constitución de Dinamarca impone la disolución judicial para las asociaciones «que recurren a la violencia, o que tienen la intención de cumplir sus propias finalidades usando la violencia, incitación a ella o ejercitando formas similares de coerción sobre los que tienen opiniones diferentes». Es evidente que, el único límite que puede ser impuesto es de carácter metodológico. Una clara elección en este campo es también la realizada por la *"Rainbow Constitution"* de Sudáfrica, cuyo texto se limita a establecer que: «Everyone has the right to freedom of association» (art. 18, dedicado de forma específica al derecho de asociación, y que «Every citizen is free to make political choices, which includes the right: *(a)* to form a political party»; *(b)* to participate in the activities of, or recruit members for, a political party; and (…) *(e)* to campaign for a political party or cause» (art. 19, sobre derechos políticos). En Hungría, la nueva Constitución declara únicamente que: «La libertad de asociación autoriza la constitución y la actividad de los partidos políticos. Los partidos políticos participan en la formulación y expresión de la voluntad popular. Ningún partido político puede ejercer directamente el poder público». Más problemática es la interpretación de la Constitución de Croacia, que en su art. 6 prohíbe la «actividad violenta de cualquier partido cuyo programa o actividad amenace el orden constitucional, la independencia, la unidad o la integridad territorial de la República de Croacia».

Más frecuente, resulta el caso de límites sustanciales expresos para los partidos. En este sentido, no existe mucha diferencia en esta disciplina, entre la Constitución alemana y Europa del Este. Así por ejemplo, la

Constitución de Rumanía, en su art. 37 establece que: «Los partidos y organizaciones que, por sus objetivos o su actividad, atenten contra el pluralismo político, el principio del Estado de Derecho o la soberanía, la integridad o la independencia de Rumanía son inconstitucionales»; también la Constitución de Bulgaria, que además de las limitaciones metodológicas (art. 11, uc.), prohíbe los partidos que buscan apoderarse por la fuerza del poder del Estado, y establece límites de contenido, allí donde (art. 44, c. 2) prohíbe «las organizaciones cuya actividad se dirige contra la soberanía, la integridad territorial de país y la unidad de la nación, o a la incitación al odio racial, nacional, étnico o religioso, a la violación de los derechos y libertades de los ciudadanos, así como a las organizaciones que adopten estructuras clandestinas o militares, o que tratan de alcanzar sus objetivos a través de la violencia ». O bien, la Constitución de Georgia, que en su art. 26 establece que: «Se prohíbe la constitución y la actividad de organizaciones políticas o sociales cuyos objetivos sean derrocar o cambiar, utilizando la fuerza, el orden constitucional de Georgia, para menoscabar la independencia del país, para violar la integridad territorial, las que promuevan la propaganda de guerra, de violencia, provoquen el odio nacional, regional o social».

En América Latina, el art. 17 de la Constitución brasileña pone como límites a los partidos: la soberanía nacional, el régimen democrático, el pluralismo, los derechos fundamentales de la persona humana. En Costa Rica (art. 98), los partidos deben respetar en sus programas «el orden constitucional» y asegurar la organización interna y el «funcionamiento democrático».

Lucio Pegoraro

En el caso de la constitucionalización, es necesario evaluar cuidadosamente las fórmulas utilizadas: lo que a primera vista puede parecer una norma abierta a los partidos antisistema, a menudo, se revela como una autorización para que el poder legislativo (es decir, una mayoría simple) pueda hacer aquello que quiera. Esto sucede cuando la Constitución hace un renvio a la ley para identificar asociaciones, partidos o actividades prohibidas, permitiendo de hecho cualquier limitación de contenido.

Es el caso de Estonia, cuya Constitución prohíbe las asociaciones cuyos fines y actividades están dirigidas a cambiar con la violencia, el orden constitucional del país, o que, de otra forma, violen la ley penal (art. 48, c. 3); mientras que la primera parte es limitativa («con violencia»), la segunda autoriza el mantenimiento de todos los partidos o asociaciones cuyas actividades sean contrarias a «la ley». Muy similar es la Constitución de Lituania («Todos los ciudadanos pueden reunirse libremente en sociedad, partidos políticos o asociaciones cuyos fines o actividades no sean contrarios a la Constitución y las leyes» (art. 35, c. 1). En forma no muy diversa, el texto constitucional de la República Checa, en su art. 5 impone el respeto de los principios democráticos y el rechazo a la violencia y en el art. 20 de la Carta de Derechos, subordina el derecho de asociación a las restricciones previstas por ley, «necesaria en una sociedad democrática en interés de la seguridad nacional, el respeto de la seguridad y el orden público, de la prevención de infracciones penales o para proteger los derechos y libertades de los otros». En Macedonia, se hace referencia a «el orden constitucional», más allá de a los métodos violentos para destruirlo: esto haría pensar en limitaciones de orden puramente metodológico, pero además están

49

prohibidas, no solo las ideologías, sino también la incitación y apoyo a la agresión militar y el odio o la intolerancia étnica, racial o religiosa50.

b) Desde el punto de vista del objeto de la protección, al lado de los países que, con reglas graduadas51, protegen la integridad ideológica (los valores del Estado demo-liberal, más o menos detalladamente definidos), todos los ordenamientos se protegen, a varios niveles, contra las amenazas de invasión y los ataques contra la integridad territorial (y sin embargo, también en este caso lo hacen de manera gradual). Como ya se ha mencionado, la cuestión es la relativa a la protección de la democracia, en cuanto que se trata de la legalidad de los partidos políticos (y las asociaciones, y manifestaciones del pensamiento) que militan –a menudo aprovechando las normas constitucionales para la protección de las minorías étnicas y lingüísticas– en favor de los más amplios niveles de autonomía, de autodeterminación y hasta de secesión. A mi juicio, la relación entre las manifestaciones colectivas/asociativas de pensamiento e ideologías en un sentido amplio, requiere la necesidad de introducir estas disciplinas en el

---

50   Además, el art. 112 establece (en el texto en inglés) que: «The Constitutional Court shall repeal or invalidate a law if it determines that the law does not conform to the Constitution. The Constitutional Court shall repeal or invalidate a collective agreement, other regulation or enactment, statue or programme of a political party or association, if it determines that the same does not conform to the Constitution or law», utilizando la técnica de hacer entrar por la ventana los límites establecidos por el constituyente.

51   La doctrina estadounidense del *clear and present danger* da la medida de cuan difícil es en cada ordenamiento, establecer el límite entre manifestación del pensamiento e incitación a un delito.

cauce de las clasificaciones sobre la democracia protegida. Baste pensar en la experiencia de los Balcanes, en particular, de la antigua Yugoslavia52.

En cuanto a la protección contra los ataques a la integridad nacional, el caso más citado y emblemático está representado por España. La Constitución española no otorga legitimidad constitucional directa a medidas represivas de la libertad de pensamiento, tutelada por la propia Constitución. Sin embargo, en España, esto no ha impedido que el legislador afrontara la amenaza a la unidad nacional, representada por un partido (luego declarado) seguidor de la organización terrorista ETA, con la Ley Orgánica de 27 de junio 2002, n. 6. El verdadero objetivo de la legislación española, por ende, no era tanto prohibir la manifestación del pensamiento, de ideologías contrarias al ordenamiento democrático, como la actividad política y propagandística de un partido –Herri Batasuna– a favor de la independencia de una "nación", la vasca. Por consiguiente, es diferente el valor protegido, incluso si la ley orgánica, dictando normas abstractas, incluye otros tipos de protección: y en sentido general prohíbe a todos los partidos que llevan a

---

52   V. en el área de la transición (limitadamente a la reciente doctrina italiana) véanse S. BARTOLE, P. GRILLI DI CORTONA (al cui dado de), *Transizione e consolidamento democratico nell'Europa centro-orientale*, Giappichelli, Torino, 1998; S. GAMBINO (al cui dado de), *Europa e Balcani. Stati culture nazioni*, Giappichelli, Torino, 2001; ID., *Costituzionalismo europeo e transizioni democratiche*, Giuffré, Milano, 2003; M. CALAMO SPECCHIA, M. CARLI, G. DI PLINIO, R. TONIATTI (al cuidado de), *I Balcani occidentali. Le Costituzioni della transizione*, Giappichelli, Torino, 2008; L. MONTANARI, R. TONIATTI, J. WOELK (al cui dado de), *Il pluralismo nella transizione costituzionale dei Balcani: diritti e garanzie*, Trento, Università degli Studi di Trento, 2010. En la doctrina española, C. FLORES JUBERÍAS (ed.), *Estudios sobre la Europa oriental*; ID., *De la Europa del Este al este de Europa*; ID., *España y la Europa oriental: tan lejos, tan cerca*, todos publicados por Universitat de València, València, respectivamente 2002, 2006, 2009; y el suplemento de *Humana Iura* n. 8/9, 1988/1999, *Derechos y libertades en las nuevas democracias de la Europa de Este* (Berriozar , Navarra).

cabo actividades que puedan poner en riesgo los principios democráticos y los derechos humanos, o que también tácitamente apoyen el terrorismo53.

En algunos casos, la prohibición para los partidos y asociaciones políticas de obrar con fines de secesión o desintegración de la unidad territorial, se puede interpretar de disposiciones legislativas que penalizan las actividades en este sentido a nivel individual, al establecer un paralelismo entre las manifestaciones del pensamiento individual y las colectivas54. En otras circunstancias, los impedimentos dictados específicamente para los partidos y asociaciones políticas nos llevan a excluir interpretaciones extensivas en este sentido, y limitan las prohibiciones sólo a manifestaciones ideológicas en sentido estricto.

Preponderantemente, la tendencia actual es incluir en la protección tanto el atentado a los valores fundamentales de la Constitución, como la amenaza a la integridad territorial: en tal sentido disponen, entre los citados anteriormente, tanto las Constituciones (o legislación) que limitan la libertad política colectiva a las formaciones que respeten el "orden constitucional" (o bienes similares) (Alemania, Costa Rica, Estonia, Lituania), y más aún los

---

53   En base a la ley orgánica, el Tribunal Supremo dispuso el cese de la actividad y la disolución del grupo independentista vasco Herri Batasuna. Posteriormente, en 2003 otro pronunciamiento afectó al grupo parlamentario socialista Eusko *Aberzaleak*-Nacionalistas *Vascos*, y a continuación, los grupos de Euskal Herritarrok y Batasuna. Sobre el tema, y el debate que ha suscitado en la doctrina y la política española cfr. M. IGLESIAS BÁREZ, *La ilegalización de partidos políticos en el ordenamiento jurídico español*, Comares, Granada, 2008.
54   V. para Italia la nota 33; para los Estados Unidos, el paralelismo se hace evidente en *Dennis vs United States*, 341 EE.UU. 494 (1951), donde la condena de once miembros del Partido Comunista se deduce del principio por el cual se considera ilegal organizar un grupo que persigue los objetivos que la ley considera ilegal para los individuos. Así como en *Yates vs United States*, 354 EE.UU. 298 (1957), y la jurisprudencia posterior.

que utilizan fórmulas codificadas específicamente, por ejemplo: Croacia («la independencia, la unidad y la integridad territorial»), Rumania («la soberanía, la integridad o la independencia»), Bulgaria («la soberanía, la integridad territorial del país y la unidad de la nación»), Georgia («la independencia, la integridad territorial del país ...»), Brasil («soberanía nacional»), Turquía («la integridad e indivisibilidad del territorio y la nación»), etc. Además de, como se acaba de decir, a nivel sub-constitucional, la ley orgánica española.

Algunos países constitucionalizan sólo los limites a la asociación política que socava la integridad del ordenamiento: como una barrera general, la Constitución de la India, ha establecido en el art. 19 (a) («Protection of certain rights regarding freedom of speech, etc.») que «(1) All citizens shall have the right (...) *(c)* to form associations or unions», specifica *sub* (4) que «Nothing in sub-clause (*c*) of the said clause shall affect the operation of any existing law in so far as it imposes, or prevent the State from making any law imposing, in the interests of the sovereignty and integrity».

Una orientación reciente es aquella que extiende la protección de la democracia a contenidos específicos, esto es, perseguir no solo, a las asociaciones políticas que amenazan indeterminadamente la ideología "democrática" tradicional (comunistas, fascistas) o formaciones que luchan por la secesión de una parte del territorio, sino también a las que amenazan otros principios considerados básicos (que, en otras palabras, constituyen el llamado núcleo duro), debidamente enumerados: el principio de la comprensión entre los pueblos (enunciado por art 9, c. 2 GG), el pluralismo político y los principios del Estado de Derecho (Rumania), la incitación al odio racial, nacional, étnico o religioso (Bulgaria, Macedonia), los derechos y libertades de los otros individuos (Bulgaria, pero se puede ver de manera similar en Alemania); el pluralismo y los derechos fundamentales de la persona humana (Brasil); Georgia prohíbe a los partidos promover la propaganda de la guerra, la violencia, o provocar el odio nacional, regional o social, y en España, los que realizan actividades que puedan constituir una amenaza a los principios democráticos y los derechos humanos, o que apoyen de manera tácita el terrorismo55.

En Turquía, la Constitución prevé en el art. 68, varios limites a la actividad de los partidos, cuyos: «estatutos y programas, e incluso sus actividades (…) no tendrían que poner en riesgo la independencia del Estado, su integridad indivisible con territorio, nación, derechos humanos, los principios de igualdad y Estado de derecho, soberanía de la nación, República democratica y secular; no tendrían que aspirar a proteger o establecer una dictadura de cualquier tipo por parte de una clase o grupo, y tampoco incitar a los ciudadanos a delinquir»56.

---

55   Una decisión del Tribunal administrativo federal alemán del 2002 ha convalidado la disolución de la asociación religiosa *Kalifatsstaat* porque vulneró los principios y derechos fundamentales propios de los ordenamientos democraticos, entre los que se encuentra la dignidad humana: tal asociación, formada por inmigrantes turcos, tenía un programa de lucha contra los principios de la democracia liberal y proponía la instauración en Turquía de un régimen fundado sobre la ley del Corán. A principios de 2003, fue prohibida la constitución de la organización islámica Hizb ut-Tahrir, que negaba el derecho a existir del Estado de Israel. Cfr. G. MORBIDELLI, *op. cit.*, p. 128.

56   El art. 69, c. 2 agrega que « The activities, internal regulations and operation of political parties shall be in line with democratic principles. The application of these principles is regulated by law».

También la nueva Constitución de Marruecos – de cuya "democraticidad" algunos dudan57 – enumera en su art. 7 una serie de límites: «Los partidos no pueden fundarse sobre una base religiosa, lingüística, étnica o racial, o, de un modo general, sobre cualquier otra base discriminatoria o contraria a los derechos humanos». Por otra parte, «No pueden tener como objetivo atentar contra la religion musulmana, al régimen monárquico, los principios constitucionales, los fundamentos democráticos o a la unidad nacional y la integridad del territorio del Reino». Por último, para evitar erradas interpretaciones, concluye que: «La organización y funcionamiento de los partidos políticos deben ser conformes con los principios democráticos».

Un caso a parte –en este contexto– está representado por la protección en contra de la confesionalidad, como en Mexico, donde el art. 130, letra e), después de señalar específicas prohibiciones para los ministros de culto58, establece que «Queda estrictamente prohibida la formación de toda clase de agrupaciones políticas cuyo título tenga alguna palabra o indicación cualquiera que la relacione con alguna confesión religiosa. No podrán celebrarse en los templos reuniones de carácter político». La cláusula de la laicidad es particularmente sensible en el ordenamiento turco. En cuanto al tema de la laicidad, parece más no poco contradictoria la

---

57   V. C. RUIZ MIGUEL, *La "Constitución" marroquí de 2011*, Dykinson, Madrid, 2012.

58   «Los ministros no podrán asociarse con fines políticos ni realizar proselitismo a favor o en contra de candidato, partido o asociación política alguna. Tampoco podrán en reunión pública, en actos del culto o de propaganda religiosa, ni en publicaciones de carácter religioso, oponerse a las leyes del país o a sus instituciones, ni agraviar, de cualquier forma, los símbolos patrios».

Constitución marroquí, que por un lado pone el límite del laicismo (en el sentido de que los partidos no pueden tener una base religiosa), pero al mismo tiempo prohíbe a aquellos que «atenten contra la la religión musulmana».

• Desde la perspectiva de la identificación de determinadas formaciones políticas y la direccionalidad de la protección, razones históricas contribuyen a diferenciar las democracias protegidas, en función de si la protección ideológica es unilateral o bilateral: algunos, como Alemania y otros países mencionados anteriormente, preven barreras para todas las formaciones que amenazan los valores consagrados en la Constitución59, existen también aquellos que mencionan explícitamente las ideologías que persiguen: la Constitución de Polonia prohíbe «las asociaciones cuyos fines o actividades sean contrarios a la Constitución o la ley», y encarga a los tribunales autorizar el registro de tales grupos o prohibir su actividad 60, mientras compete a la Corte Constitucional pronunciarse sobre la constitucionalidad de los propósitos o actividades de los partidos políticos61. El art. 13, por otro lado, precisa en modo mucho más detallado –pero sin identificar partidos específicos– que (en la versión en Inglés del texto) «Political parties and other organizations whose programmes are based upon totalitarian methods and the modes of activity of nazism, fascism and communism, as well as those whose programmes or activities sanction racial

---

59 Obviamente, en base a la normativa abstracta luego se toman decisiones concretas: así por ejemplo, en los años 50, el Tribunal Constitucional de la República Federal de Alemania declaró inconstitucional y ordenó la disolución tanto del partido neo-nazi, como del Partido Comunista. A partir de entonces, tales partidos, han sido después refundados.

60 Art. 58 Constitución de Polonia.

61 Art. 188, c. 4, Constitución de Polonia.

or national hatred, the application of violence for the purpose of obtaining power or to influence the State policy, or provide for the secrecy of their own structure or membership, shall be prohibited»62

A estos modelos se oponen no sólo a los ordenamientos que no ponen limites (y en este caso estamos en la clase de las democracias "puras"), sino también aquellos que tutelan, por razones históricas, solo en contra de un enemigo concreto, considerado más peligroso. Esto es lo que ocurre a nivel constitucional en Italia, como hemos visto, pero también sucede en Irak, donde es ilegal el partido Bath de Saddam Hussein. A nivel legislativo, en los años 50 se han aprobado *statutes* estadounidenses para identificar varios tipos de formaciones comunistas.

Otros elementos podrían ser considerados esenciales a fines clasificatorios.

a) Por ejemplo, resulta de gran interés analizar las garantías aseguradas por cada ordenamiento a los partidos sometidos a procedimientos de disolución, en la perspectiva de la atribución a los Tribunales Constitucionales de un mayor número de funciones, respecto de las

---

62   La disciplina polaca es –por comprensibles razones históricas – particularmente restrictiva: También las reglas generales para las asociaciones ponen graves limitaciones: después de afirmar que «The freedom of association shall be guaranteed to everyone», el art. 21 expresa que: «(1) Associations whose purposes or activities are contrary to the Constitution or statutes shall be prohibited. The courts shall adjudicate whether to permit an association to register or to prohibit an association from such activities. (2) Statutes shall specify types of associations requiring court registration, a procedure for such registration and the forms of supervision of such associations».

originarias63.

En los ordenamientos "protegidos" contra la actividad de partidos o asociaciones anticonstitucionales, es frecuente que las decisiones sobre la naturaleza de los mismos, e incluso, en algún caso, la imposición de las respectivas sanciones, sean confiadas a los Tribunales Constitucionales, considerados más idóneos que otros poderes para imponer una decisión imparcial: la disposición más conocida –debido a su aplicación– es la contenida en la *Grundgesetz* alemana (art. 21, c. 2); sobre el modelo de tal texto otras constituciones lo han dispuesto de un modo análogo, así en: Portugal, Bulgaria, Rumania, Croacia, Eslovenia, Repúblicas Checa y eslovaca, Georgia, Albania, Polonia, Chile, Corea...64.

Sin embargo, aun cuando la tarea sea encomiendada a otros órganos del Estado, el Poder Judicial siempre interviene, bien para decidir por sí mismos, para autorizar las decisiones del Ejecutivo, o para convalidarlas. La neutralidad de la decisión, por tanto, está siempre garantizada.

---

63   V. Para um amplio cuadro comparado, S. BALDIN, *Le "altre funzioni" delle Corti costituzionali con particolare riferimento agli ordinamenti dell'Europa centro-orientale*, Trieste, 2000; G.F. FERRARI, *Le forme di controllo di costituzionalità "anomale"*, in *Dir. pubbl. comp. eur.*, 2000, p. 351 ss.; L. PEGORARO, *La Justicia Constitucional. Una perspectival comparada*, Dykinson, Madrid, 2004, p. 155; ID., *Giustizia costituzionale comparata*, Giappichelli, Torino, 2007, p. 190.

64   *Vid.* art. 225.2, letra *e*), de la Const. de Portugal; 149.1, n° 5, Const. de Bulgaria; 144.1, letra *i*), Const. de Rumania; 125.1, punto 6°, Const. de Croacia; 160.1, punto 10°, Const. Eslovena; 87.1, letra *j*), Const. República Checa; 129.4, Const. República Eslovaca; 89.1, letra *c*), Const. Georgia; 131.1, letra *e*), Const. de Albania; 188.1, n° 4, Const. de Polonia; 82.1, n° 7, Const. de Chile; 111.1, n° 3, Const. de Corea.

b) En lo referido a los sujetos pasivos de la protección/represión, pueden haber disciplinas diferenciadas (en diferente medida) para los ciudadanos y los extranjeros, incluso en lo que respecta a la libertad asociativa y política. No creo, sin embargo, que este factor –a pesar de que se haberlo tenido en cuenta– se encuentre, en sentido estricto, reflejado en la definición de democracia protegida, o de sus graduaciones, sino más bien en un presupuesto básico de la democracia post-liberal (la igualdad). Incide, en otras palabras, a elementos diversos de la ideología y su represión, y en cambio se basa en el concepto de pertenencia según un determinado *status*65.

c) También, el factor temporal, como se ha dicho al principio, incide sobre las clasificaciones: ya que una cosa es la suspensión de los derechos (o parte de ellos) en el Londres bombardeado por los V2 alemanes66, y otra es poner una excusa de cualquier presunto riesgo para la seguridad, para limitarlos o anularlos, por períodos indefinidos o repetidamente prorrogados. Aunque esto resulte significativo para definir un ordenamiento como más o menos "democrático", e incluso para calificar una democracia como "protegida" o "pura", así como para graduar la intensidad de la protección,

---

65   Así por ejemplo, un ordenamiento podria asegurar a todos los ciudadanos considerados como tales (pero excluyendo a las mujeres, a los negros, etc.) la maxima libertad ideológica y de asociación a partidos: v. *supra*, § 3.

66   Donde, sin embargo, como nos recuerda PETER LEYLAND, *Introduzione al diritto costituzionale del Regno Unito*, en la colección *Diritto pubblico comparato – Gli ordinamenti costituzionali*, Giappichelli, Torino, p. 29 s., en la sentencia *Liversidge* v. *Anderson* [1942] AC 206, Lord Atkin afirma que: «en nuestro país, en medio del fragor de las armas, las leyes no callan. Pueden ser cambiadas, pero las leyes hablarán la misma lengua tanto en la guerra como en la paz. Uno de los principios de la libertad por el que estamos combatiendo ahora y siempre ha sido aquél conforme al cual los jueces (…) se colocan entre los ciudadanos y cualquier supuesta limitación a su libertad por parte del ejecutivo». La defensa de la libertad por parte de Lord Atkin se encuentra en un voto particular, mientras la Cámara de los Lores respalda la decisión del Ministro de detener a un extranjero sin motivo alguno.

de hecho, se refiere más a la naturaleza del ordenamiento jurídico – democrático o no– que a su propia calificación.

7. Conclusiones

Según como se mire el fenómeno de la tutela ideológica o de su represión, acentuando por tanto éste o aquel elemento, la democracia aparece dispuesta en escalas que permiten (unidamente a otros elementos, como la naturaleza de los derechos, su protección, su efectividad, su extensión subjetiva, el uso no fisiológico de la suspensión, etc.) graduar su intensidad. Así, utilizando el parámetro protección/no protección, se puede medir la intesidad de la misma, utilizando los criterios arriba indicados (la elección estrategica representada por el tipo de fuente, el bien tutelado, la direccionalidad ...). Queda siempre imprejuzgada la question de fondo, formulada al inicio: ¿hasta dónde, y por cuánto tiempo, una democracia puede presionar las medidas protectivas y represivas de los derechos, para poder considerarse como tal?

Desde el punto de vista sustancial, es posible que la respuesta se encuentre en los principios enunciados en estas dos sentencias (además de aquella citada en la nota 69): la primera decisión es *Public Comité Against Torture* v. *Israel*67. En este caso el Presidente de la *High Court of Justice* israelí A. Barak, a pesar de que desestimó la *petition* que fue presentada denunciando la utilización de la tortura durante los interrogatorios efectuados por el *General Security Service* (GSS), advirtió que, en cualquier caso, «una democracia, en ocasiones, debe saber combatir con un brazo pegado detrás

---

67   HCJ 5100/94 del 26 de Mayo de 1999.

de la espalda»68. En la segunda decisión, del 16 de Diciembre del 2004, la Cámara de los Lores declara inválida la encarcelación indefinida acordada hacia algunos extranjeros sospechosos, y escribe69: «la verdadera amenaza contra la vida y la seguridad de la nación no proviene del terrorismo sino de leyes como ésta. La cual ofrece la medida concreta de lo que puede obtener el terrorismo. Es competencia del Parlamento establecer si concede esta victoria a los terroristas»70.

El problema es, por tanto, principalmente semántico, y en cuanto tal varía con el variar de la percepción del término forjado por el uso y los cambios del uso. Y – también a nivel doctrinal– corresponde a la dialéctica pluralista y "democrática" perfeccionar los instrumentos para denunciar los abusos   71.

---

68   También véase A. BARAK, *A judge on judging – The role of a Supreme Court in a Democracy*, en *Harvard Law Review*, Noviembre, 2002, donde el Presidente de la Corte suprema israelí subraya cuáles son las funciones que las Cortes deben desarrollar: «We, the judges in modern democracies, are responsible for protecting democracy both from terrorism and from the means the state wants to use to fight terrorism».

69   En *A (FC) and others* v. *Secretary of State for the Home Department*, (2004) UKHK 56.

70   V. En el sentido indicado A. SAJÓ, *The Self-Protecting Constitutional State*, en *East European Constitutional Review*, vol. 12, n. 2-3, 2003, p. 78 ss., segun el cual la protección de la democracia puede ser aceptada solo si no son violados los principios del Estado de derecho constitucional.

71   Sobre la dificultad de formular una definición de «democracia imperfecta» v. G.G. FLORIDIA, *Le "democrazie imperfette". Un approccio definitorio in prospettiva storica*, in A. DI GIOVINE, S. SICARDI, *Democrazie imperfette*, Giappichelli, Torino, 2005, p. 83 ss. *Ivi*, p. 113 ss., v. también M. VOLPI, *La diffusione della democrazia e i suoi limiti*.

O DIREITO COMPARADO E AS OUTRAS DISCIPLINAS JURÍDICAS.

Teresa M.G. Da Cunha Lopes

O DIREITO COMPARADO E AS OUTRAS DISCIPLINAS JURÍDICAS.

Teresa M.G. Da Cunha Lopes[*]

1.-O Direito Comparado e os estudos de direito estrangeiro

É cada vez mais frequente que os juristas formados em universidades de certo país se ocupem com o estudo de direitos estrangeiros, frequentando universidades estrangeiras ou exercendo funções profissionais em organismos ou escritórios de advocacia estrangeiros.

Dada a importância de que se revestem as relações económicas com diferentes países, é inevitável que os advogados de empresas dedicadas ao comércio internacional acabem por ocupar-se com direitos estrangeiros. A apetência por estudos de direito inglês e norte-americano é sentida em múltiplos países do mundo.

Todavia, o estudo de um direito estrangeiro não se confunde com o Direito Comparado.

Como escreve um comparatista italiano, GINO GORLA:

[*] Doctora en Derecho, Titular del Área de Ciencias Sociales del Centro de investigaciones Jurídicas y Sociales de la Facultad de Derecho y Ciencias Sociales de la UMSNH, SNI nivel I, Perfil PROMEP, coordinadora del CA "Derecho, Estado y Sociedad Democrática"

"Mas também quando estudamos o direito «estrangeiro» tendo em vista a comparação com o «não estrangeiro», isto é, o direito vigente na sociedade em que vivemos e

> que, para se entender, designaremos como o direito «pátrio» (nostrano) (...), neste caso ainda o estudo do direito estrangeiro não se confunde com o direito comparado, ou comparação do direito:
>
> a) antes de mais, a colocação como objecto de estudo para fins comparatísticos do direito estrangeiro circunscreve o âmbito dos interesses, dos problemas e, em certo sentido, também dos métodos da comparação. E no pressuposto latente e não descoberto de que o direito comparado é um processo que vai do conhecido ao desconhecido, onde o conhecido seria par excellence o direito pátrio, tal acaba por limitar o próprio conceito de direito comparado, e consequentemente, por falseá-lo, trocando uma parte pelo todo.
>
> Verdadeiramente a comparação pode fazer-se, isto é, pode revestir-se de interesse, também entre dois direitos estrangeiros ou, por assim dizer, desconhecidos e tornados conhecidos para se operar a comparação, como o direito romano clássico e a common law inglesa dos séculos XII-XV (direitos estes que também se pode supor que não são ainda conhecidos por quem pretende fazer a comparação).

É normal, no caso da comparação entre o direito pátrio e o direito estrangeiro, que o direito pátrio, enquanto direito em que se vive e com o qual se opera, seja conhecido muito melhor que os dois direitos estrangeiros acima mencionados ou que o próprio direito romano. O que dará à comparação um interesse, um tom e também um método particular (sendo perigoso fazê-lo aparecer como geral!)

Portanto, o termo «direito estrangeiro» vai ser substituído pelo termo «direito (ainda) não conhecido», no pressuposto de que o outro direito a comparar seja já, mais ou menos, conhecido.

b) Mas mesmo com esta correcção, o estudo (com a finalidade de comparação) do direito estrangeiro, entendido como direito ainda não conhecido, não se confunde com a actividade de comparação.

Tal estudo representa ainda um meio em relação ao fim: a verdadeira comparação só pode ocorrer depois de se conhecer o direito não conhecido (que o seja, pelo menos, de forma suficiente em relação aos problemas comparativos, limitados, que se vão colocando passo a passo e que é bom que sejam assim limitados ou graduais).

Aqui se encontra o drama ou a suma ambiguidade do que se entende ou se faz sob o nome de direito comparado" (Voce Diritto Comparato, in Enciclopedia del Diritto, vol. XII, Giuffrè, Varese, 1964, págs. 930-931; deve notar-se que o autor se ocupa em especial da micro-comparação e admite como actividade comparativa própria do direito comparado a comparação histórica, no plano diacrónico, entre direitos já não vigentes, como sejam o direito romano clássico e a common law medieval).

MARC ANCEL, por seu turno, nota que a distinção entre direito comparado e direito estrangeiro era clássica mesmo antes de 1900. Tal não significa, porém, que essa distinção seja sempre clara:

"Na sua essência, impõe-se a distinção, senão a oposição, do estudo do direito estrangeiro e do estudo jurídico comparativo. Como sublinhou Sauser-Hall, o direito comparado vai além do estudo e da descrição das leis estrangeiras. A vulgarização do direito estrangeiro é útil, mas «não se deve confundir justaposição e comparação», tal como, conforme observa o grande comparatista suíço, o conhecimento de diversas línguas não constitui a linguística comparada. Quase na mesma época, von Liszt, no prefácio à grande colectânea consagrada ao direito penal dos povos europeus, opunha já os estudos de direito comparado que visavam o conhecimento de uma ou várias legislações penais e o direito comparado ou «legislação penal comparada», que devia procurar operar a respectiva síntese a fim de extrair os pontos comuns que existem entre as diferentes legislações estudadas(...).

Acresce que, como vimos, um estudo sério do direito estrangeiro, objectivo e tão completo quanto possível, é indispensável antes de toda e qualquer comparação propriamente dita. Há aí, seguramente, uma verdade evidente, mas que é, por vezes, perdida de vista; e não nos devemos esquecer dos erros ou das aproximações apressadas que se fizeram em estudos que se queriam de comparação, isto é, horizontais, sem um estudo vertical prévio e suficiente." (Utilité et Méthodes cit., págs. 89-90).

Importará acentuar que, por exemplo, um jurista português poderá estudar um direito estrangeiro, sem pretender comparar esse direito com o direito português, ainda que essa actividade de comparação acabe por surgir à medida que se estuda o "direito desconhecido". O Direito Comparado pressupõe sempre o conhecimento de direitos estrangeiros, embora não se confunda com esse conhecimento.

2.-O Direito Comparado e as suas relações com outras disciplinas jurídicas

Na vasta gama de disciplinas que se ocupam do fenómeno jurídico surgem-nos várias que mantêm relações estreitas com o Direito Comparado.

Comecemos pela História do Direito.

Um dos pais fundadores do Direito Comparado, EDOUARD LAMBERT, considerava que o Direito Comparado era composto por dois ramos distintos, a História Comparativa, por um lado, e a Legislação Comparada, por outro.

Na mesma linha, JOSEPH KOHLER sustentava, em 1915, que a História Universal do Direito era frequentemente apelidada de Ciência do Direito Comparado, considerando que se tratava de uma disciplina que tinha como finalidade estudar, na medida do possível, o direito de todos os povos vivos ou mortos, não somente enquanto ordem jurídica objectiva ou positiva, mas também enquanto realização da ordem jurídica (enquanto reflexo da ordem profunda das coisas e das suas relações). A História Universal do Direito seria tão vasta quanto a história do espírito humano.

Este ponto de vista abrangente, que fazia reconduzir ao Direito Comparado a análise diacrónica de direitos diversos (no exemplo de GORLA citado, o estudo comparado do direito clássico romano e da common law inglesa dos séculos XII-XV), e também a análise sincrónica entre direitos contemporâneos, tem sido abandonada.

Todavia, ZWEIGERT e KÖTZ notam que toda a história jurídica envolve sempre um elemento de comparação, já que o jurista historiador parte sempre do conhecimento do direito actual, vigente na sua ordem jurídica de origem:

> "A história jurídica e o direito comparado têm muitos pontos em comum: podem variar os pontos de vista sobre qual destes irmãos gémeos é o mais atractivo, mas não há dúvida de que o historiador jurídico deve frequentemente usar o método comparativo e de que o comparatista, se quiser compreender as regras e os problemas que aquelas regras querem resolver, tem de frequentemente investigar a respectiva história" (An Introduction cit., pág. 8)

Seja como for, o Direito Comparado toma como ponto de partida um plano sincrónico, estudando diferentes ordenamentos jurídicos vigentes no presente, embora recorra à história do direito para a compreensão cabal dos institutos jurídicos desses ordenamentos.

3.-O Direito Comparado mantém igualmente relações estreitas com a Sociologia do Direito.

Como escreve JEAN CARBONNIER:

> "A sociologia do direito ou sociologia jurídica pode definir-se como um ramo da sociologia em geral – digamos, por uma nova convenção, da sociologia geral. É um ramo da sociologia geral ao mesmo título que, por

exemplo, a sociologia económica, a sociologia do conhecimento ou a sociologia da educação. É o ramo da sociologia geral que tem por objecto uma variedade de fenómenos sociais: os fenómenos jurídicos ou fenómenos do direito. A palavra fenómeno é essencial: marca de imediato a intenção de se restringir às aparências, de renunciar a atingir as essências. Mas trata-se de fenómenos jurídicos.

Existindo o direito apenas para a sociedade, pode admitir-se que todos os fenómenos jurídicos são, de uma certa maneira pelo menos, fenómenos sociais. Mas a inversa não é verdadeira: nem todos os fenómenos sociais são fenómenos jurídicos. Existe um social não jurídico, formado por aquilo que se designa como fenómenos de costumes (...)"

(Sociologie Juridique, Paris, Armand Collin, 1972, pág. 16).

O mesmo autor nota que o carácter de exterioridade que é utilizado para contrapor a sociologia jurídica à dogmática jurídica parece encontrar-se em duas disciplinas auxiliares estudadas nas faculdades de direito: a História do Direito (nomeadamente, a História do Direito Romano) e o Direito Comparado:

"Os historiadores do direito, tal como os comparatistas, estudam sistemas jurídicos em que não participam. A circunstância de esses sistemas se situarem no passado ou no estrangeiro é acessória. Se a sociologia jurídica, em cada país, trabalha frequentemente sobre o direito nacional em vigor não faz dele o seu objecto exclusivo. Prolonga a sua investigação até aos direitos do passado e aos direitos estrangeiros". (Sociologie cit., pág. 23)

ZWEIGERT e KÖTZ referem-se às lições que a Sociologia do Direito e o Direito Comparado podem dar.

A Sociologia jurídica considera que, se num certo sector da experiência encarada – como nas ciências da natureza com a técnica do "grupo de controle" utilizada na experimentação – dois sistemas jurídicos tiverem regras diferentes e se se conseguir demonstrar que os factos sociais relevantes nesses países também são diferentes, então tal pode apontar para a hipótese de que os factos sociais e as regras jurídicas estão causalmente ligados.

E acrescentam estes autores alemães:

"Se a sociologia comparativa do direito pode utilizar a experiência e as descobertas do direito comparado, os comparatistas têm indubitavelmente muito a aprender com os sociólogos do direito. Tal é importante, em primeiro lugar, para aquilo que se pode chamar a definição do problema. Os comparatistas sabem há muito tempo que só podem ser proveitosamente comparadas as regras que desempenham a mesma função e se dirigem ao mesmo problema ou conflito de interesses real. Também sabem que devem desprender-se dos seus próprios preconceitos doutrinais e jurídicos e libertar-se do seu próprio contexto cultural para descobrir conceitos «neutros» com que possam descrever tais problemas ou conflitos de interesses (...)"

É neste contexto que se diz que o comparatista não deve ater-se apenas à law in books (direito que decorre dos textos escritos) mas sobretudo à law in action (direito efectivamente aplicado em determinado ordenamento).

Igualmente os estudos de Direito Comparado têm-se cruzado frequentemente com os estudos de Etnologia Jurídica e de Antropologia Jurídica.

A Etnologia Jurídica destacou-se da Sociologia Jurídica.

Segundo JEAN CARBONNIER, a Etnologia Jurídica tem a ver com os direitos primitivos ou direitos arcaicos. Segundo ele, uma regra ou uma instituição jurídica é considerada arcaica quando se traduz num estádio de evolução do direito que já foi ultrapassado pela sociedade actual há muito tempo. Tal não exclui que possa ainda encontrar-se uma regra arcaica que vigore como direito efectivo de uma ou outra etnia do planeta (povos primitivos actuais).

Os direitos arcaicos surgem em situações em que os povos vivem numa fase anterior à escrita (preliterate), em que as respectivas estruturas psicológicas se distinguem radicalmente das do homem actual. Adaptando a teorização de LUCIEN LÉVY-BRUHL sobre a mentalidade primitiva, caracterizada por ser pré-lógica, mística e mágica, é possível contrapor os direitos modernos, definidos pela sua racionalidade, aos direitos primitivos, essencialmente pré-lógicos.

Escreve JEAN CARBONNIER:

«A existência de uma mentalidade jurídica primitiva está atestada por numerosos factos. A ausência do princípio da identidade explica, por exemplo (podendo o mesmo objecto ser simultaneamente ele próprio e um outro) a dificuldade sentida pelo primitivo para compreender a alienação como uma ruptura clara das relações entre a pessoa que aliena a coisa e esta última. Correlativamente, a lei da participação traduz-se por uma concepção da propriedade em que o bem possuído participa da personalidade de quem o possui (...). Dum modo ainda mais visível, os esquemas de causalidade indeterminada, difusa, antropomórfica, estão na raiz de um sistema de responsabilidade em que a repressão se exerce indiferentemente sobre os homens e os animais, sobre o autor do acto e os seus parentes ou vizinhos, ao mesmo tempo que estão na base de um sistema de prova judiciária – as ordálias – no qual fenómenos naturais são reconduzidos à acção de um juiz sobrenatural" (Sociologie cit., pág. 31)

A Antropologia Jurídica é uma ciência que se confunde frequentemente com a Etnologia Jurídica. A Antropologia é, de um ponto de vista literal, a ciência do anthropos, do homem enquanto género, o género humano na série animal.

Não obstante as várias concepções da Antropologia jurídica (uma que reconduz a ciência em causa à biologia, tendo por objecto as causas e os efeitos do direito que têm relação com a natureza biológica do homem; outra que se preocupa com o fundo natural que preexiste aos contributos culturais que inspiram as regras jurídicas), pode considerar-se que esta ciência se ocupa do homo iuridicus, do homem enquanto ser naturalmente jurídico, capaz de viver numa sociedade organizada. (cfr. Voc. Anthropologie Juridique da autoria de ANDRÉ-JEAN ARNAUD, in Dictionnaire encyclopédique de théorie et de sociologie du droit, Paris, LGDJ, 2.ª ed., 1993, págs. 34-35)

Ora, historicamente, o Direito Comparado procurou, em certa fase da sua vida, uma explicação para a evolução dos diferentes direitos, influenciado por certas teorias que surgiam na zoologia (por exemplo, o transformismo de JEAN-BAPTISTE DE LAMARCK). A obra de POST, publicada em 1880, influenciou fortemente o historiador e comparatista JOSEPH KOHLER:

> "A obra de Post (...), criador da etnologia jurídica bem como desta expressão, é decisiva para a sua orientação futura. Através do emprego do método comparativo, propõe-se fundar a ciência jurídica na base da experiência

e de a tratar como uma ciência natural. Adversário do direito natural, bem como de todo o direito elaborado de modo especulativo, Post concebe o direito como um reflexo da evolução etnológica, atravessando diversos estádios. Estavam assim colocados os fundamentos para a subordinação da história às leis da evolução e a divisão da história em estádios de evolução" (CONSTANTINESCO, Traité, I, págs. 115-116).

Em Inglaterra, Sir HENRY SUMMER MAINE estuda a etnologia jurídica e fala, a partir de 1861, de Comparative Jurisprudence. Dedica o seu estudo à comparação do ordenamento da Índia do Norte, no século XIX, com as comunas feudais e pré-feudais do Ocidente, embora afirme que o Direito Comparado não visa ilustrar a história do direito.

"HENRY MAINE insistiu no facto de que, através da comparação, nos libertamos duma concepção limitada do mundo e que adquirimos uma ideia adequada à imensidão e à variedade das sociedades humanas (...). Nos seus trabalhos (...), combinou cada vez mais a observação directa e comparativa dos direitos actuais com a pesquisa histórica: fez reviver e corrigir o método histórico pelo comparativo. Isso permitiu-lhe extrair grandes similitudes entre o antigo direito de propriedade e da posse do domínio útil (tenure) com o direito feudal europeu. Ao fazer história e etnologia comparada, esclareceu que a origem da propriedade era colectiva, que se passa do status ao contractus, que o direito sucessório deriva da propriedade, etc." (CONSTANTINESCO, Traité, I, pág. 118).

A obra de MAINE teve grande influência igualmente sobre KARL MARX, o qual procurou ilustrar algumas das suas teses filosóficas com recurso à comparação de certos institutos jurídicos em diferentes ordenamentos (crédito hipotecário; arrendamentos; evolução da família).

Todavia, a descrença na descoberta das leis de evolução das sociedades humanas acabou por afastar o Direito Comparado da Etnologia Jurídica.

4.-O Direito Comparado mantém relações de proximidade com a Filosofia do Direito e a Teoria Geral do Direito.

BLAISE PASCAL, o filósofo autor da obra Pensées (publicada postumamente em 1670), deu conta, no século XVII, das dificuldades de entendimento das variações de soluções jurídicas em diferentes países. Escrevia ele que dificilmente se poderia explicar e admitir

> "que o justo e o injusto mudem de qualidade ao mudarem de clima, que três graus de elevação do polo deitem abaixo a jurisprudência, que um meridiano decida da verdade?... Justiça travessa que um rio ou uma montanha limita! Verdade aquém dos Pirinéus, erro além destes!"

E, já no século XIX, um jurista alemão, KIRCHMANN, pronunciou uma frase célebre numa conferência realizada sobre a falta de valor da jurisprudência:

"Três palavras rectificadoras do legislador convertem bibliotecas inteiras em lixo".

O filósofo do Direito, formado num determinado sistema, carece de informação sobre outros sistemas jurídicos passados ou presentes, na sua especulação sobre o fenómeno jurídico.

GUSTAV RADBRUCH começava assim a indicar o objecto da Filosofia do Direito:

"A Filosofia do Direito é uma parte da Filosofia. Torna-se por isso indispensável, antes de tudo, indicar os pressupostos filosóficos gerais da Filosofia do Direito (...)

Entre os dados da experiência, no meio da matéria informe das nossas vivências, «realidade» e «valor» aparecem-nos caoticamente baralhados e confundidos. Temos vivências de homens e coisas carregadas ou saturadas duma ideia de valor ou de desvalor (valores positivos ou negativos) que lhes associamos e todavia não nos lembramos de que esse valor ou desvalor dependem de nós, provêm de nós, e não das próprias coisas ou dos próprios homens em si mesmos. A nobreza dum homem resplandece na sua fisionomia, como se fora um nimbo

(...)" (Filosofia do Direito, 6.ª ed., trad. Portuguesa de L. Cabral de Moncada, Coimbra, 1979, Américo Amado ed., págs. 39-40).

E, mais à frente, RADBRUCH referia-se a três maneiras por que se podia encarar o direito:

> "A primeira é a própria da atitude que refere as realidades jurídicas aos valores (Wertbeziehend), considerando o direito como facto cultural, é esta a atitude essencial da Ciência do Direito. A segunda é a da atitude valorativa (Bewertend) que considera o direito como um valor de cultura; é esta a atitude essencial da Filosofia do Direito. E finalmente é a terceira a atitude superadora dos valores (Wertüberwindend) que considera o direito na sua essência, ou como não dotado de essência; e é esta a atitude ou o tema da Filosofia religiosa do direito (...)" (Filosofia, pág. 46)

É curioso que RADBRUCH traça, num apenso à sua Filosofia do Direito datado de 1947, as relações da Filosofia do Direito com o Direito Comparado, aproximando esta disciplina da História Universal do Direito, teorizada no princípio do século XX por JOSEPH KOHLER:

> "II – Se a História do direito tem por objecto a sucessão cronológica dos fenómenos jurídicos, a investigação comparativista tem por objecto a simultaneidade das

diferentes ordens jurídicas nacionais ou dos diferentes direitos positivos nacionais. As mais das vezes, esta comparação dos direitos dos povos civilizados uns com os outros é feita com intuitos de uma política do direito (cfr. a obra monumental em 15 volumes, Vergleichende Darstellung des deutschen und ausländischen Strafrechts – trabalho preparatório para a reforma do direito penal alemão). Outras vezes, quando os estudos comparativos recaem sobre o direito dos povos primitivos (jurisprudência etnológica), tais estudos têm então simultaneamente o fim de construir a pré-história da evolução jurídica das nações civilizadas a partir dessas situações jurídicas primitivas: o comparativismo vai então desembocar na História universal do direito (...) [são citadas as obras de MONTESQUIEU, H. SUMNER MAINE, FEUERBACH e JOSEPH KOHLER].

III A História universal do Direito crê poder fixar determinados tipos de evolução jurídica universal, entre os quais devem destacar-se os seguintes:

1 – Do comunismo originário até ao aparecimento da propriedade privada;

2 – Do matriarcado até á família patriarcal, bem como da endogamia à exogamia (roubo e compra de mulher) e

ainda da poligamia à monogamia (BACHHOFEN, Fr. ENGELS, A. BEBEL);

3 – Do status ao contractus (H. SUMNER MAINE), isto é, de uma ordem jurídica fundada em classes para uma ordem jurídica fundada no contrato livre, ou seja, na vontade livre dos membros da sociedade;

4 – Da comunidade (Gemeinschaft) para a sociedade (Gesellschaft)(TÖNNIES), isto é, das formas totalitárias e orgânicas para as formas individualistas e atomísticas da vida social;

5 – Da evolução do direito criminal da vindicta privada para a fase das penas públicas (...).

A História universal do direito também foi concebida como filosofia do Direito (cfr. KOHLER e o seu falsamente chamado neo-hegelianismo)" (Filosofia do Direito cit., pág. 398-400).

Para além das relações estreitas entre a Filosofia do Direito e o Direito Comparado, não poderá deixar de notar-se que esta disciplina também mantém relações estreitas com a Teoria Geral do Direito, entendendo por esta expressão um ramo científico do saber de tendência prática, na medida em que essa Teoria visa, em última análise, a aplicação prática da norma jurídica. O Direito comparado fornece exemplos necessários sobre a variedade de fontes de direito que pode ser alcançada pelo estudo dos ordenamentos típicos das diferentes famílias de direitos.

Convirá, porém, alertar para a complexidade dos problemas que rodeiam a qualificação como científica da chamada ciência do direito.

Importa chamar a atenção para este texto de ULFRID NEUMANN:

"A discussão sobre o carácter científico da ciência jurídica orientou-se inicialmente pelo conceito aristotélico de ciência. Segundo Aristóteles, a ciência (episteme, scientia) é um conhecimento metódico do ente a partir dos seus princípios. Elementos constitutivos desse conceito de ciência são, pois, a existência e a inalterabilidade do objecto. A ciência jurídica só pode corresponder a esse conceito desde que parta da ideia de uma ordem estabelecida de princípios jurídicos invariáveis. Desde que se ocupe de ordens jurídicas que estão sujeitas à variação histórica, ela só pode ser concebida como arte (tecne, ars) ou como prudência (phronesis, prudentia) (...).

É ainda o critério aristotélico de ciência que soa, quando Julius von Kirchmann põe em dúvida o carácter científico da ciência jurídica como uma disciplina que «faz do ocasional o seu objecto» (...). As tentativas para proteger (...) o carácter científico da ciência jurídica, com a referência à constância de certos problemas no domínio do social ou a «estruturas condicionadas por uma lógica material», tomam em consideração apenas «um» aspecto da ciência jurídica" (Introdução à Filosofia do Direito e à Teoria do Direito Contemporâneo, organizada por A. Kaufmann e W. Hassemer, trad. Portuguesa, F. C. Gulbenkian. 2002, págs. 464-465).

Todavia, a ciência jurídica, na vertente da dogmática jurídica, tem como objectivo a elaboração de regras jurídicas não existentes, o que lhe confere um carácter distintivo. Mas através do seu método, a dogmática acaba por se revestir de um carácter científico, como tem sido posto em relevo pela teoria científica analítica.

Seja como for, o Direito comparado pode fornecer um vasto conjunto de dados e de informações comparativas que permite o desenvolvimento da ciência jurídica.

5.-O Direito Comparado e o Direito Internacional Público, o Direito Internacional Privado e o Direito Comunitário

O Direito Comparado mantém contactos estreitos com certos ramos do Direito. Comecemos pelas relações com o Direito Internacional Público:

SCHWARZ-LIEBERMANN von WHALENDORF escreve:

"Existe um elo profundo entre o «direito das gentes», ius gentium, entendido como direito dos povos, e o «direito das gentes», ius gentium, entendido como direito internacional publico. Este dado fundamental basta, por si só, para explicar a importância capital, essencial no sentido estrito do termo, do direito comparado, e do direito privado comparado nomeadamente, para o direito internacional público" (Droit Comparé – Théorie générale et Principes, Paris, LGDJ, 1978, pág. 81).

E, mais à frente, este comparatista escreve:

"A própria ideia de «fundo comum legislativo» recebeu, a seu modo, consagração graças ao célebre artigo 38.º (1c) do Estatuto do Tribunal Internacional de Justiça (designado, entre as duas Guerras, Tribunal Permanente de Justiça Internacional). A fórmula de «princípios gerais reconhecidos pelas nações civilizadas» pressupõe a ideia de uma comunidade fundamental, de um «direito natural concreto» de aplicação geral. A fórmula em questão apenas implica uma ideia dada, para entrar no quadro de definição, que se deve manifestar em todas as ordens jurídicas; mas, como referiu Lauterpacht, a introdução desta fórmula é destinada a garantir que o juiz internacional não se abandone a uma inspiração que só se baseia no seu próprio direito.

Um dos grandes domínios, por último, em que o «direito comparado», a análise comparativa, é indispensável ao direito internacional público é o da interpretação dos tratados. Questões ligadas à perspectiva da ordem pública, ou da public policy, são muito frequentes. A interpretação dessas noções relativamente fluídas, e ao mesmo tempo essenciais, põe problemas delicados. Não só deve ser estudada com cuidado a jurisprudência dos países eventualmente em causa, mas deve ainda ser pesado e analisado o espírito do direito desses países. Também frequentemente, os tratados internacionais contêm noções de direito privado cujo relevo exacto é preciso extrair à luz das circunstâncias que marcam a conclusão do acordo em questão. Um tal trabalho pode atingir um grau muito elevado de tecnicidade. Não esqueçamos, por fim, os perigos que as cláusulas gerais comportam, as quais, muito frequentemente e mesmo habitualmente, conhecem concretizações específicas ao nível nacional (...).

Notemos igualmente que a aproximação comparativa encontra hoje um terreno de aplicação extremamente importante em virtude do peso que assume, no momento actual, a questão dos minimum standards." (Droit Comparé cit., pág. 85).

Bastará recordar o exemplo dramático da necessidade de estudar direitos estrangeiros e de encetar tarefas de comparação de direitos que foi sentida pelos juristas alemães após a Guerra de 1914-1918, quando a Alemanha foi obrigada a indemnizar as Potências vencedoras, no quadro das normas do Tratado de Versalhes (cfr. ZWEIGERT e KÖTZ, An Introduction, págs. 59-60, que referem o dito de RABEL de que os juristas alemães foram forçados a abandonar a sua "notável introversão"; sobre a figura de ERNST RABEL, professor alemão que veio a radicar-se nos anos trinta na América, veja-se DAVID J. GARBER, Sculpting the agenda of comparative law: Ernst Rabel and the facade of language, in Rethinking the Masters of Comparative Law, ob. colect. editado por ANNELISE RILES, Oxford – Portland Oregon, Hart Publishing, 2001, pags. 190-208).

O Direito Comparado está tradicionalmente ligado ao Direito Internacional Privado, ou, na linguagem anglo-americana, ao Direito dos Conflitos de Leis. Mas enquanto o Direito Internacional Privado é um ramo do direito positivo nacional (cfr. arts. 14.º a 65.º do Código Civil português), o Direito Comparado é um ramo de saber científico, uma "science pure", no dizer de ZWEIGERT e KÖTZ.

"O Direito Internacional Privado diz-nos qual o sistema de direito, de entre vários sistemas possíveis, que deve ser aplicado, num caso concreto que tem conexões com o estrangeiro; contém regras de competência que determinam qual o direito nacional específico que deve ser aplicado e qual o que conduziu a tal aplicação. Pode , pois, dizer-se que o direito internacional privado é mais selectivo do que comparativo. O Direito Comparado, por outro lado, lida com diferentes ordens jurídicas ao mesmo tempo, e fá-lo sem ter em vista qualquer finalidade prática." (ZWEIGERT e KÖTZ, An Introduction cit., pág. 6)

O Direito Comparado é muito valioso para o direito internacional privado, sendo os métodos de ambas as disciplinas parcialmente coincidentes. A teoria de qualificação em d.i.p. (ou da characterization, na terminologia anglo-americana) necessária para compreender conceitos como casamento, contrato, responsabilidade civil, prescrição, etc. que aparecem nas normas de conflitos dos países do continente europeu ou dos direitos da common law, começou por partir dos sentidos existentes no chamado direito do foro (lex fori, direito do país em cujos tribunais se discute um caso com elementos de conexão com outras ordens jurídicas), mas acabou por evoluir, com os estudos de RABEL de ISABEL MAGALHÃES COLLAÇO e FERRER CORREIA,para um entendimento dado pelo direito comparado, independentemente de soluções da lex fori. Por exemplo, se em Portugal for aberta a sucessão de um súbdito inglês que deixou um testamento escrito em inglês e utilizando a terminologia jurídica inglesa (em que nomeou, por exemplo, o cônjuge como «life tenant»), importará tentar aproximar, na interpretação da disposição testamentária, o instituto do direito inglês de um instituto funcionalmente idêntico no direito português, por exemplo, o usufruto vitalício (cfr. ZWEIGERT-KÖTZ, An Introduction, págs. 6-7).

Por último, importa chamar a atenção para a importância que o Direito Comparado assume, nos países da União Europeia, na aplicação das normas de direito comunitário.

Deve notar-se que, na interpretação do Tratado de Roma e dos outros tratados constitutivos das Comunidades Europeias, a problemática é semelhante à referida quanto ao Direito Internacional Público, no que toca às contribuições do Direito comparado. O problema assume particular acuidade com o novo Tratado Constitucional europeu assinado em Roma em 29 de Outubro de 2004 e que foi ratificado com o nome de Tratado de Lisboa, em 13 de Dezembro de 2007..

Também no que toca ao direito derivado, cada vez mais é necessário valorar o contributo do Direito Comparado:

"Assim, as «recomendações», não obrigatórias mas que reflectem a existência de necessidades comuns, devem apoiar-se numa análise comparativa dessas necessidades e também numa análise das regras e técnicas utilizadas pelos Estados-Membros no domínio em questão. As «directivas», por seu lado, favorecem uma diversificação do direito no que toca às técnicas de execução, porque só está fixada de forma vinculativa a finalidade a atingir, enquanto que os Estados-Membros dispõem de uma certa liberdade para chegar ao resultado a atingir. Mas, ainda aqui, a própria fixação da finalidade, a formulação da directiva, seria penosa sem um trabalho comparativo quanto às «políticas» dos Estados-Membros, o que comporta obrigatoriamente a análise comparativa dessas políticas. Por último, os «regulamentos» são «direito novo», na sua integralidade, ex auctoritate communitatis" (SCHWARZ-LIEBERMANN von WAHLENDORF, Droit Comparé cit., pág. 88-89)

Deve notar-se que a aplicação do direito comunitário é feita pelas instâncias comunitárias (Conselho de Ministros, Parlamento europeu, Comissão e, no plano jurisdicional, pelo Tribunal de Justiça das Comunidades Europeias e pelo Tribunal de 1.ª Instância) e também pelas instâncias nacionais, sobretudo pelos tribunais dos Estados-Membros. A comparação dos direitos dos Estados-Membros constitui um trabalho constante das instâncias comunitárias e, cada vez mais, das próprias instâncias nacionais. A eventual entrada em vigor da Constituição Europeia contribuirá certamente para aprofundar as exigências de recurso ao Direito Comparado.

No plano das fontes de direito, importa

"... referir o papel dos princípios gerais de direito comunitário (...) que têm igualmente precedência sobre o direito derivado (e também sobre os acordos celebrados pelas Comunidades) e que o Tribunal de Justiça deduz a partir das tradições comuns aos Estados-Membros, quer a fim de preencher lacunas quer simplesmente porque reconhece o seu carácter fundamental, aí tendo incluído designadamente os direitos fundamentais, em ordem a garantir a protecção dos particulares em relação às Instituições e aos Estados-Membros" (RUI MOURA RAMOS, Direito Comunitário, Coimbra, 2003, págs. 78-79)

6.-A Natureza e Funções do Direito Comparado

No Congresso de Paris de 1900, o ponto de vista prevalecente entre os congressistas era o do que o Direito Comparado era uma disciplina científica autónoma, muito embora não fosse unânime o seu carácter unitário (LAMBERT, como vimos, distinguia a História Comparativa do direito e a Legislação Comparada) ou a sua própria configuração (KOHLER tendia a acentuar o pendor histórico da disciplina, aproximando-a da História Universal do Direito).

De facto, na primeira metade do século XIX – e por força do movimento da codificação, de que foram expoentes legislativos o Código Civil francês (Code Napoléon, 1804) e o Código Civil Austríaco (Allgemeines Bürgerliches Gesetzbuch, ABGB, de 1811) – os primeiros comparatistas dedicaram-se ao direito comparado legislativo, sobretudo tendo em vista tarefas de redacção de um código nacional. O nome de ZACHARIÄ ficou célebre nessa primeira fase do comparatismo, ao ter fundado em 1829 uma Revista Crítica da Ciência do Direito e da Legislação do Estrangeiro.

Para além desta aproximação motivada pelas necessidades de política legislativa, uma outra orientação mais desinteressada e especulativa ia desenvolver-se, no domínio do Direito Comparado científico ou teórico. Segundo esta orientação, procura-se estudar o Direito Comparado para melhorar ou aumentar o conhecimento do fenómeno jurídico em geral.

Em 1903, FREDERICK POLLOCK afirmava o seguinte:

> "Não faz grande diferença se falarmos em ciência jurídica histórica (historical jurisprudence) ou em ciência jurídica comparada (comparative jurisprudence), ou, como os Alemães parecem estar inclinados, em «história geral do direito» (transcrito em ZWEIGERT e KÖTZ, An Introduction, pág. 59).

A verdade é que o Congresso de Paris tentou encontrar uma disciplina científica uniformizadora, "droit commun législatif" propugnado por LAMBERT, sobretudo a partir de uma comparação dos códigos civis da Europa Continental, com especial relevo para o Code Civil francês, o BGB alemão e o Projecto de Código Civil suíço de 1898, redigido por EUGEN HUBER, professor de Direito em Basileia (deve notar-se que havia entrado já em vigor na Confederação suíça, em 1881, o Código Federal das Obrigações, contendo matérias de direito das obrigações e de direito comercial).

Nessa fase da evolução do Direito Comparado não se duvidava que a ciência comparativa dos direitos, sistematizada cientificamente, devia servir para descobrir, sob as diferenças de soluções das diversas leis nacionais e das divergências das próprias legislações no que toca à arrumação das matérias, um "fundo comum", que SALEILLES vinha afirmando existir, sobretudo após o estudo da comparação bilateral entre o Code Civil e o BGB. Tal fundo comum era um traço de união entre os direitos dos Países Civilizados (cfr. art. 38.º, 1, c; do Estatuto do Tribunal Permanente de Justiça Internacional, órgão jurisdicional da Sociedade das Nações, criado em 16 de Dezembro de 1920).

Na euforia que se seguiu ao fim da Primeira Guerra Mundial, LEVY-ULLMANN, comparatista francês, sustenta em 1925 que chegara a altura de edificar o "direito mundial do século XX", com vocação para se tornar direito positivo vigente em diferentes países, tendencialmente em todo o mundo civilizado.

Como escreve MARC ANCEL:

> "Este mundialismo ambicioso, feito de uma mistura singular de espírito científico, de generosidade e de ilusão, dá uma finalidade nova e precisa ao direito comparado: a aproximação das instituições jurídicas não tem apenas como finalidade alcançar a unidade de um direito subjacente para além das suas expressões nacionais; deve levar a impor às Nações, já constituídas em sociedade internacional, um direito único e uniforme, ao mesmo tempo sinal da compreensão entre elas e penhor do seu relacionamento pacífico" (Utilité et Méthodes cit., pág. 23)

Após a Segunda Guerra Mundial, não é já a oposição entre o mundo romano-germânico ou da civil law e o mundo da common law – que começara a ser sistematicamente estudada entre as guerras, sobretudo nos institutos franceses de Direito Comparado e também nos Estados Unidos da América (Parker School of Foreign and Comparative Law, fundada em 1919; American Foreign Law Association fundada em 1925; publicação em 1928 por J.H. WIGMORE de um Panorama of the World's Legal Systems, em 3 volumes) – que ocupa os comparatistas. O direito da União Soviética, país vencedor e aliado dos norte-americanos, ingleses e franceses contra as Potências do Eixo, começa a ser estudado e prenuncia-se a comparação contrastada dos anos cinquenta e sessenta (direitos ocidentais por oposição aos direitos socialistas).

Neste novo contexto, não surpreende que haja vozes que tendem a negar o carácter científico ao Direito Comparado, considerando que os estudos comparativos têm apenas de recorrer a um método especial, o método comparativo. GUTTERIDGE sustenta assim (em passo já atrás transcrito – págs. 3 e 4 destes Sumários) que não há uma ciência comparativa jurídica, mas apenas uma utilização pelos juristas do método comparativo.

Este ponto de vista gozou de bastante difusão, tendo sido aceite, por exemplo, por RENÉ DAVID, nomeadamente no seu Tratado de Direito Comparado publicado em 1950. Mais tarde, este comparatista tendeu a negar que a questão da natureza do direito comparado tivesse grande importância (cfr. o texto transcrito nestes Sumários, págs. 4-5).

Após os trabalhos de DAVID, CONSTANTINESCO, ZWEIGERT e MARC ANCEL, tende a prevalecer a ideia de que o Direito Comparado é uma disciplina científica, a qual tem a particularidade de não estudar qualquer ramo de direito positivo.

CONSTANTINESCO considerava que só havia uma disciplina científica autónoma quando se tratava da macro-comparação (Ciência dos Direitos Comparados), evidenciando a micro-comparação uma utilização do método comparativo.

Este ponto de vista não tem tido seguidores, prevalecendo hoje o entendimento de que a macro-comparação e a micro-comparação constituem divisões de uma disciplina científica designada por Direito Comparado (cfr. sobretudo CARLOS FERREIRA DE ALMEIDA, Direito Comparado, n°s IV, 3; V-1; MICHAEL BOGDAN, Comparative Law, cit., pág. 21-26; RODOLFO SACCO, Introduzione al Diritto Comparato, UTET, Turim, 1.ª ed., 1992, págs. 10-11).

7.-As funções do Direito Comparado – finalidades e utilidades

Ao interrogar-se sobre o porquê do estudo do Direito Comparado, MARC ANCEL enumera as vantagens do Direito Comparado, chamando a atenção para as funções que desempenha ou as finalidades que visa:

"Chega-se assim a trazer à luz as vantagens, os próprios benefícios, do direito comparado. Demonstração hoje banal de que nos contentaremos de recordar os termos essenciais:

1.1. Não há, sob a diversidade das leis – ou das legislações – senão uma unidade, pelo menos uma universalidade do direito enquanto instrumento de concórdia social e enquanto criação do espírito humano? Eis uma questão primordial que devemos colocar desde já, e à qual só poderemos responder, com pleno conhecimento de causa, no fim das nossas explicações. Notemos apenas por ora que formular esta questão é já justificar o estudo comparativo do direito.

1.2. No terreno da prática concreta, pelo contrário, é de toda a evidência que o conhecimento do direito estrangeiro – pelo menos, o contacto com o direito do estrangeiro – é frequentemente indispensável ao advogado, ao juiz, ao árbitro (nomeadamente, em matéria de arbitragem comercial internacional), ao homem de negócios, ao negociador, ao diplomata. Todos os sistemas de conflitos de leis admitem, em certos casos, a aplicação da lei estrangeira - será possível ignorar a sua substância? Como se poderia fazê-lo, de resto, quando esse mesmo sistema de conflitos de leis nos obriga a confrontar essa lei estrangeira com a nossa ordem jurídica nacional?

1.3. O papel formador do direito comparado já não tem de ser sublinhado. Dá ao estudante novas aberturas ao dar-lhe a conhecer outras regras e outros sistemas diversos dos seus próprios. Permite ao jurista um melhor conhecimento e uma melhor compreensão do seu direito, cujos caracteres particulares se alcançam ainda melhor a partir de uma comparação com o estrangeiro. Enriquece a bagagem do jurista, mesmo o de melhor formação; porque lhe fornece sínteses, ideias, argumentos que o conhecimento do seu próprio direito só por si não lhe ofereceria.

1.4. O método comparativo é necessário em qualquer caso para o estudo aprofundado da história do direito ou da filosofia do direito. É - o ainda para a teoria geral do direito que só alcança o seu próprio valor quando separada da técnica estreita de um sistema particular. Só ele pode dar uma visão completa, não compartimentada, do «fenómeno jurídico».

1.5. Enfim, desde a Antiguidade (como se vai ver), sempre se pensou que o conhecimento dos direitos estrangeiros era de primeira importância para o legislador. Que legislação poderia, hoje sobretudo, permitir-se ignorar as outras? Isto sucede especialmente hoje na época das uniões regionais, como as Comunidades Europeias, num tempo em que nos esforçamos por organizar uma ordem jurídica de paz e de coordenação. As dificuldades nesta matéria não são seguramente desprezáveis; mas provêm precisamente de que – entre as nações que tentam realizar tal ordem – a supremacia do direito não é ainda plenamente reconhecida. A prática sincera do direito comparado pode servir aqui de um grande amparo.

Pedimos quase desculpa de ter de recordar estas verdades de evidência. A causa do direito comparado, em si, não tem, sem duvida, necessidade de continuar a ser sustentada. Contudo, estas mesmas verdades, embora afirmadas com frequência, não são, todavia, sempre exactamente partilhadas; eis porque no seu efectivo alcance, teremos de as reencontrar" (Utilité et Méthodes, págs. 9-10)

De um modo geral, estão desacreditadas as teses daqueles que entendiam ser possível construir um direito comum da humanidade. Trata-se de teses utópicas, de realização impossível no presente momento histórico.

De facto, a Sociologia tem mostrado que, em numerosas sociedades de países em desenvolvimento, se multiplicam os casos de pluralismo jurídico, em que, a par de um direito oficial de características ocidentais (seja do tipo ou família romano-germânica, seja do tipo da common law), vigoram, a nível local, direitos de base consuetudinária, o que torna praticamente impossível a unificação do direito dentro do próprio Estado soberano. Supor a existência de um direito comum da humanidade releva assim da pura utopia.

Muito critico quanto às finalidades do Direito Comparado, OTTO PFERSMANN chama a atenção para o carácter "estranho" da disciplina, escrevendo:

"A «globalização» do direito assim como a interpenetração progressiva das ordens jurídicas, reforçada pelo avanço das ordens jurídicas supranacionais, parece dar toda a sua legitimidade a esta nova caminhada. Na visão de uma economia mundial cada vez mais integrada, os particularismos jurídicos surgem como obstáculos e espera-se que o jurista os contorne antes que o comparatista chegue à sua abolição. Contudo depois de algumas tentativas que visam constituir um corpo de doutrina e uma metodologia para esta estranha disciplina, verificar-se-á que ela progride sempre de maneira perfeitamente caótica e que poucos comparatistas se mostram de acordo com a própria natureza do seu objecto. Assim, o direito comparado fez nascer inúmeras esperanças, empreendimentos ambiciosos, mas apoia-se sempre sobre a mais fraca das epistemologias.

Se é possível julgar segundo as actividades desenvolvidas sob esse rótulo, as crenças seguintes, mais ou menos implícitas, circulam de modo dominante a propósito do direito comparado: 1) é um sistema jurídico transnacional; 2) é uma ciência que permite unificar direitos diferentes ou antecipar a unificação (ou, por defeito, a homogeneização) inerentes à evolução dos sistemas jurídicos globalmente considerados; 3) é a ciência dos direitos estrangeiros; 4) é uma ciência que permite melhorar a solução dos casos jurisprudenciais." (Le Droit Comparé comme Interprétation et comme Théorie du Droit, in Revue Internationale de Droit Comparé, 2001, 2, págs. 275-276)

Este comparatista austríaco, professor em Paris e Director Adjunto do Instituto de Direito Comparado da Universidade de Oxford, procede à critica dessas quatro convicções acerca da natureza e finalidade do Direito Comparado, mostrando que, no início do século XXI, se está longe de uma qualquer "utopia prescritiva", porquanto nem o Direito Comparado é uma ordem jurídica positiva, nem pode ser uma legislação transnacional, correspondente a uma "ordem ideal em que estariam reunidas as «melhores» soluções dos diferentes direitos positivos" (artigo cit., revista cit., pág. 279).

Num plano descritivo, o Direito comparado não é a ciência dos direitos estrangeiros, como vulgarmente se afirma. Segundo este comparatista, poder-se-ia chamar «direito comparado»

"... à disciplina que permite descrever as estruturas de seja qual for o sistema jurídico com o auxílio de conceitos gerais que apresentem a necessária e suficiente finura.

Ela permite assim interpretar os enunciados da ciência do direito que só tem necessidade dos conceitos apropriados a cada um dos sistemas que descreve e para a qual desenvolve o conjunto das soluções possíveis dos casos que se apresentam. A ciência do direito dirá que os «human rights» são os que são definidos como tais no statute «Human Rights Act» na ordem jurídica do Reino Unido; o direito comparado interpretará esses human rights como libertés publiques ou como direitos protegidos pelo legislador contra violações resultantes de normas infra-legislativas através da via dos recursos jurisdicionais ou de outros conceitos gerais que se considerem mais finos.

O direito comparado assim entendido deve consequentemente permitir qualificar seja qual for a estrutura de seja qual for a ordem jurídica, diferenciando-a de seja qual for a estrutura de seja qual for qualquer outra (ou a mesma) ordem jurídica. Esta disciplina será, pois, tanto mais comparatista quanto permita fazer diferenciações de forma mais fina entre estruturas possíveis" (art. cit., in revista cit., pág. 286)

Este ponto de vista restritivo tende a reduzir a finalidade do direito comparado a uma espécie de léxico ou de dicionário que permite compreender conceitos nacionais ou estrangeiros por meio de "qualificações comparatistas". Esta função acaba por redundar na função de melhor compreensão do direito nacional do comparatista, que é uma das funções "realistas" tradicionalmente apontadas ao Direito Comparado. Mas convém acentuar que a problemática das finalidades de um ramo de saber científico (seja esse ramo a Astronomia ou o Direito comparado) parece ser um falso problema – cfr. RODOLFO SACCO, ob. cit., págs. 3-5).

Com as cautelas decorrentes da existência de pontos de vista conflituantes, pode afirmar-se que há um relativo acordo quanto às seguintes funções práticas do Direito Comparado:

- auxilio às tarefas de política legislativa (auxílio aos legisladores);
- contribuição para o aperfeiçoamento e o conhecimento do próprio direito e para a interpretação das suas regras;
- contributo para um melhor compreensão internacional

O Direito Comparado tem, tradicionalmente, contribuído para as tarefas de unificação do direito e mesmo para um esforço de criação de sectores de direito privado comuns a toda a Europa. No fundo, trata-se da procura dos melhores "modelos jurídicos", de modo a influenciar as soluções de direito a constituir numa certa ordem jurídica.

Escrevem ZWEIGERT e KÖTZ:

"O Direito Comparado não pode continuar a confinar-se a apresentar propostas de reforma do direito nacional, por valioso que tal possa ser, porquanto, enquanto o fizer, continuará inevitavelmente manchado pelo nacionalismo, encarando os sistemas jurídicos nacionais como dados, dotados de fixidez, e olhando para as divergências e convergências para ver o que pode ser útil quanto a ambas. O Direito Comparado tem de ir para além dos sistemas nacionais e fornecer uma base comparativa sobre a qual se possa desenvolver um sistema de direito para toda a Europa; pode fazer isto debruçando-se sobre áreas concretas do direito como as dos contratos, da responsabilidade civil, dos instrumentos de crédito, direito das sociedades, direito de família, mostrando quais as regras que são geralmente aceites em toda a Europa e se elas se desenvolvem segundo linhas convergentes ou divergentes (...)

Em 1989, o Parlamento Europeu de Estrasburgo aprovou uma resolução (OJ EC No C 158/400), pedindo «que se iniciem os necessários trabalhos preparatórios para a redacção de um Código europeu comum de Direito Privado», mas está muito longe de ser certo que exista no presente a necessária vontade política; nem que seja claro que qualquer necessidade real desse código tenha sido demonstrada ou que cai nas competências da União Europeia" (An Introduction, págs. 29-31).

Deve, em todo o caso, destacar-se que a comissão internacional de juristas europeus presidida por OLE LANDO se ocupa desde 1980 com a preparação de uns "Princípios de Direito Contratual Europeu", tal como, de resto, o UNIDROIT preparou um idêntico projecto (Princípios relativos aos Contratos Comerciais Internacionais, elaborados a partir de 1971 e concluídos no final de 1994; tradução portuguesa publicada pelo Ministério da Justiça em 2000).

BIBLIOGRAFIA

JEAN CARBONNIER, Sociologie Juridique, Paris, Armand Collin, 1972

LÉONTIN-JEAN CONSTANTINESCO, Traité de Droit Comparé, vol. I, Paris, LGDJ 1972

RENÉ DAVID, Les Grands Systèmes de Droit Contemporains, 11.ª ed., Paris, Dalloz, 2002

CARLOS FERREIRA DE ALMEIDA, Introdução ao Direito Comparado, Coimbra, Almedina, 1994, 2ª ed., 1998; Direito Comparado . Ensino e Método, Lisboa, Cosmos, 2000

H.C. GUTTERIDGE, Le Droit Comparé, trad. francesa da 2ª ed. de 1949, Paris, LGDJ, 1953

ULFRID NEUMANN, Introdução à Filosofia do Direito e à Teoria do Direito Contemporâneo, organizada por A. Kaufmann e W. Hassemer, trad. Portuguesa, F. C. Gulbenkian. 2002

RUI PINTO DUARTE , Uma Introdução ao Direito Comparado, 1999/2000, Faculdade de Direito de Lisboa

GUSTAV RADBRUCH, Filosofia do Direito, 6.ª ed., trad. Portuguesa de L. Cabral de Moncada, Coimbra, 1979

SCHWARZ-LIEBERMANN von WHALENDORF, Droit Comparé – Théorie générale et Principes, Paris, LGDJ, 1978

KONRAD ZWEIGERT e HEIN KÖTZ, An Introduction to Comparative Law, trad. inglesa, 3ª ed., Oxford, Clarendon Press, 1998

EL CONSTITUCIONALISMO MEXICANO EN EL SIGLO XIX

Oscar Cruz Barney

EL CONSTITUCIONALISMO MEXICANO EN EL SIGLO XIX

Oscar Cruz Barney[1]

I. La Constitución de Cádiz, el Plan de Iguala y los Tratados de Córdoba.

La discusión del articulado de la Constitución gaditana se inició en agosto de 1811 y termino en marzo de 1812 y promulgada, una vez aprobada, el 19 del mismo mes.[2] El 20 de septiembre de 1813 se clausuraron las Cortes generales y extraordinarias que fungieron como constituyentes. El 1ª de octubre se reunieron las ordinarias, de acuerdo a lo prescrito por la Constitución.

1
      Presidente del *Ilustre y Nacional Colegio de Abogados de México*. Académico de Número Sitial 36 de la *Academia Mexicana de Jurisprudencia y Legislación*. *Cruz Distinguida de Primera Clase* de la *Orden de San Raimundo de Peñafort*, *Cruz de San Ivo* del Real e Ilustre Colegio de Abogados de Zaragoza, Medalla de Honor del Ilustre Colegio de Abogados de Madrid, Mención de Honor del Ilustre Colegio de Abogados de Sevilla. Investigador del Instituto de Investigaciones Jurídicas de la UNAM, SNI III.

2
      Sobre el proceso constituyente véase ESTRADA MICHEL, Rafael, *Nación y Constitución en 1812*, México, Porrúa, ELD, 2010.

Uno de los grandes debates rumbo a la Constitución de Cádiz fue el de la igualdad y derechos de los americanos. Sostiene Manuel Chust:

"Los representantes americanos desglosaron en once propuestas todo un pliego de aspiraciones autonomistas, tanto económicas como políticas... Reivindicaban una representación proporcional equitativa ante las Cortes, igualdad de derechos de los americanos, españoles o indios para poder ejercer cualquier cargo político, eclesiástico o militar, distribución de la mitad de los cargos en favor de los naturales de cada territorio, creación de comités consultivos para la elección de cargos públicos entre los residentes de la localidad y restablecimiento de la orden de los jesuitas en América... proponían la libertad de cultivo y de manufacturas, de importar y exportar toda clase de bienes a España o a las potencias neutrales tanto nacionales como aliadas, de extracción de mercurio, de comercio entre las posesiones de América y Asia... y supresión de todos los monopolios del Estado y de particulares."[3]

La *Constitución de Cádiz* quedó dividida en diez títulos y trescientos ochenta y cuatro artículos enuncia como principios fundamentales los siguientes[4]:

---

[3]

CHUST, Manuel, *op. cit.,* pág. 54.

[4]

Véase *Constitución política de la Monarquía española, promulgada el Cádiz á 19 de marzo de 1812,* en Felipe Tena Ramírez, *Leyes fundamentales* ..., págs. 60-104.

1. La nación española esta compuesta por los españoles de ambos hemisferios.

2. La nación es libre e independiente y no puede ser patrimonio de ninguna familia ni persona.

3. La soberanía reside esencialmente en la nación y a esta pertenece el derecho a establecer sus leyes fundamentales.

4. La religión es y será la católica, prohibiéndose el ejercicio de ninguna otra.

5. La nación está obligada a proteger mediante leyes la libertad civil, la propiedad y los derechos legitimos de los individuos que la componen.

6. La felicidad de la nación es el objeto del gobierno.

7. Los poderes del Estado son tres: el legislativo en las Cortes con el Rey, el ejecutivo el Rey y el judicial los Tribunales de Justicia. Principio que no se abandonaría en los posteriores textos constitucionales.[5]

8. La forma de gobierno es la de una Monarquía moderada y hereditaria

Recibida en México por el virrey Venegas el 21 de septiembre de 1812, se procedió unos días después, el 30 de ese mes a jurar la misma por parte de las autoridades, los cuerpos civiles y eclesiásticos.

---

[5] GONZÁLEZ, María del Refugio, "Constitución política de Cadiz, 1812. Análisis Jurídico", Patricia GALEANA (Coord.), *México y sus constituciones,* México, Fondo de Cultura Económica, Archivo General de la Nación, 1999, pág. 32.

La libertad de imprenta consagrada en la Constitución rápidamente dió frutos, tales como *El Pensador Mexicano* de José Joaquín Fernández de Lizardi y *El Juguetillo* de Carlos María de Bustamante.[6]

En 1813 se llevaron a cabo elecciones para los miembros de las diputaciones provinciales y de los individuos de los ayuntamientos, debiendo designarse a un diputado por cada 70 000 almas de acuerdo al artículo 29 constitucional. La Diputación Provincial fue a decir de Lee Benson y desde el punto de vista del papel que representó en la evolución del Estado federal mexicano, la institución más interesante de las creadas por la Constitución de Cádiz. "Su origen se encuentra en las juntas provinciales que surgieron en toda España en 1808 a raíz de la emboscada napoleónica en que cayeron Carlos IV y Fernando VII, para quedar cautivos en Francia.

Desde aquella fecha hasta que se reunieron las Cortes en septiembre de 1810, con objeto de dar una constitución a la monarquía española, las juntas provinciales, por propia iniciativa, gobernaron una gran mayoría de las provincias (antes reinos o intendencias) de España."[7]

Correspondió a los párrocos explicar a los habitantes el sentido y

---

6   ZAVALA, Silvio, "La Constitución política de Cádiz, 1812. Marco histórico", Patricia, Galeana (Coord.), *México y sus constituciones,* México, Fondo de Cultura Económica, Archivo General de la Nación, 1999, pág. 17.

7
         LEE BENSON, Nettie, *La Diputación Provincial y el federalismo mexicano.* Trad. Mario A. Zamudio Vega, México, 2a ed., El Colegio de México, 1994, pág. 21.

alcance de la reforma electoral y de las votaciones. La entendible falta de comprensión por parte de la población del proceso electoral se ve claramente reflejado en el hecho de que en el partido de México, debiendo nombrarse 50 electores, solamente de llegó a 26.[8] Las elecciones de ayuntamientos corrieron con mejor suerte, celebrándose en noviembre de 1812 las correspondientes a la Ciudad de México con el triunfo de individuos afectos al partido Criollo. Sin embargo las irregularidades que se presentaron en el proceso llevaron al Virrey Calleja a suspender el nombramiento de los miembros del Cabildo hasta no conocer el resultado de los expedientes levantados.[9]

A principios de 1814, una vez expulsados los franceses de España, Fernando VII rechazó el régimen de Cádiz y vía un golpe de Estado, reinstauró el antiguo régimen absoluto hasta 1820, dando fin al *bienio liberal*.

Al crearse la *Junta Central*, esta se integró exclusivamente con los diputados de la península, sin incluir a los representantes americanos. Inclusive cuando se reunieron los consejos en el Consejo y Tribunal Supremo de España e Indias[10] tampoco fueron consultados. Sin embargo,

---

8   ZAVALA, Silvio, "La Constitución...", pág. 18.

9   *Ibidem*, pág. 19

10   Sobre éste, vése el estudio de José María Puyol Montero, "La creación del Consejo y Tribunal Supremo de España e Indias (Consejo reunido) por la Junta Central en 1809", en

por decreto de 22 de enero de 1809 se les concedió representación en la junta central a los diferentes reinos y provincias americanas.[11] Por la Nueva España salió designado Miguel de Lardizábal, quien, al momento de ser disuelta dicha junta y creada la Regencia en enero de 1810, quedó como representante americano.

A partir del 14 de enero de ese año, se dispuso que para la celebración de las Cortes irían un diputado por cada capital virreinal, electos por el ayuntamiento respectivo. En la Nueva España la Audiencia ordenó se diera cumplimiento al decreto de la Regencia, con lo cual se eligieron a los diputados novohispanos, quienes participaron en los debates políticos de Cádiz y en su momento plantearon la igualdad de derechos de peninsulares y ultramarinos.

Como ya señalamos, los acontecimientos peninsulares tuvieron gran repercusión en la Nueva España. Las abdicaciones de los reyes en favor de Napoleón hicieron surgir las cuestiones de qué hacer para llenar el vacío de poder que estas representaban. Se decidió dejar al Virrey encargado provisionalmente del gobierno mientras tanto no salieran de España las tropas francesas y los reyes no regresasen a ocupar el trono. Sin embargo, se presentaron tres posiciones encontradas: la del Real Acuerdo que proponía que todo quedase igual, sin llenar así la laguna

Cuadernos de historia del derecho. Ed. Complutense, Departamento de historia del derecho, Facultad de derecho, Universidad Complutense, núm. 2, Madrid, 1995.

11   José MIRANDA, *Las ideas...*, pág. 223

política, la del Cabildo que sugería conectar la autoridad del virrey y los organismos superiores con la soberanía y la del alcalde del crimen Villaurrutia quien proponía las Cortes o junta, posición que encontró eco fuera de la capital.

Cuando llegó a México la noticia del levantamiento en contra de Napoleón y fue recibida en general con bastante júbilo. Los habitantes novohispanos para ese entonces estaban ya bastante divididos, pues los europeos sospechaban de las posibles intenciones independentistas del Cabildo. Este mantiene la iniciativa de solicitar la reunión de una junta representativa del reino, dicha junta estaría compuesta por la Real Audiencia, el arzobispo, la ciudad y diputaciones de los tribunales, cuerpos eclesiásticos y seculares, nobleza, ciudadanos principales y militares. Su función sería la de deliberar y decidir sobre asuntos graves y su actuación sería provisional entretanto se reunían los representantes del reino.

Siendo regidor honorario del ayuntamiento de México sucedieron los hechos ya señalados en Madrid. Juan Francisco de Azcárate, abogado miembro del Ilustre y Real Colegio de Abogados de México "que ejercía grande influencia en el ayuntamiento", hizo a nombre de este una representación al Virrey Iturrigaray mediante la cual probaba que las abdicaciones reales eran nulas y que se debía reconocer a Fernando VII. En tanto el monarca no recuperase su libertad, la soberanía residía en el Reino y en las clases que lo formaban, particularmente en los tribunales superiores y en los cuerpos o corporaciones que llevaban la voz pública, quienes la conservarían para devolverla al legítimo sucesor, debiendo gobernarse el reino por las leyes establecidas. En consecuencia de lo anterior, la Ciudad de México en representación de todo el reino de la Nueva España sostendría los derechos de la casa reinante y para ello solicitaba al Virrey continuase provisionalmente como tal sin entregar el gobierno ni a la misma España hasta en tanto ésta estuviese ocupada por los franceses, sin admitir a otro virrey, prestando juramento y pleito homenaje al reino ante el real acuerdo y en presencia del ayuntamiento de los tribunales, debiendo gobernar conforme a las leyes establecidas.

"Se trataba de proponer la autonomía para México evitando que se mude dinastía."

El fundamento del juramento propuesto por Azcárate se encuentra en las *Siete Partidas*, específicamente en la Ley 5ª, Tít. XV, de la Segunda Partida que establece que el señorío del reino no podía partirse ni enajenarse.[12]

Se sostiene en el *Diccionario Universal de Historia y de Geografía*, de Don Manuel Orozco y Berra que con esta representación de Azcárate se dio inicio en México a la revolución de independencia y el desencadenamiento de la serie de hechos que produjeron primero la prisión, destitución y destierro de Iturrigaray y después la idea de independencia ya que se pensó que la representación del ayuntamiento

---

12   Utilizamos *Las Siete Partidas*, Lyon de Francia, Mateo BONHOME, 1550, Edición Facsimilar, México, Tribunal Superior de Justicia del Distrito Federal, Ilustre y Nacional Colegio de Abogados de México, Estudio Introductorio Oscar Cruz Barney, México 2010.

redactada por Azcárate a eso iba dirigida.

El Virrey Iturrigaray compartía con el Ayuntamiento el parecer de que la junta era necesaria para conservar los derechos del Rey y seguridad del reino. Dicha junta se celebró el 9 de agosto, y en ella se acordó reconocer a Fernando VII, no obedecer las órdenes del emperador ni de sus lugartenientes, considerar al Virrey como legal y verdadero lugarteniente de Fernando VII en la Nueva España y considerar subsistentes a la Audiencia y demás tribunales, mismos que seguirían sin variación en el ejercicio de sus funciones.[13]

A mediados del mismo mes, arribaron a la Nueva España dos representantes de la *Junta de Sevilla*, que pretendía ser suprema de España e Indias, D. Manuel de Jaúregui y D. Juan Gabriel Jabat. Dentro de sus pretensiones estaba el reconocimiento de su representada, para lo que Iturrigaray ofreció se celebraría una nueva junta para estudiar la petición. El 31 de agosto se llevó a cabo y se decidió reconocer a la de Sevilla como soberana en lo referente a guerra y hacienda, lo mismo se haría en cuanto a gobierno y justicia, una vez que se tuviesen las pruebas suficientes de que las de Castilla lo habían hecho.[14] Unas horas después Iturrigaray

---

13   José MIRANDA, *Las ideas...*, págs. 247-248. Sobre el intento independentista de 1808 véase entre otros: Navarro García, Luis, *Umbral de la independencia. El golpe fidelista de México en 1808*, Cádiz, Universidad de Cádiz, 2009 y Herrera Peña, José, *Soberanía, representación nacional e independencia en 1808,* México, Senado de la República, 2009

14   Niceto de ZAMACOIS, *Historia de México, desde sus tiempos mas remotos hasta nuestros días.* J.F. Parres y Comp., editores, Méjico, 1878, tomo VI, pág. 42.

---

recibió noticias de los comisionados de la *Junta de Oviedo* en donde le informaban de la anarquía en que se encontraba España y del hecho de que todas las juntas se señalaban a si mismas como supremas. Por ello, decidió convocar a una nueva junta para el día siguiente, 1º de septiembre de 1808, en la que se optó suspender el reconocimiento anteriormente otorgado a la de Sevilla. Ante esto el Virrey solicitó a los asistentes le entregasen sus pareceres por escrito para examinarlos en una nueva junta a celebrarse el día 9. En la nueva reunión, se decidió definitivamente no reconocer la superioridad de la *Junta de Sevilla*.[15] El Virrey estaba dispuesto a integrar una verdadera representación del virreinato, por lo que surgió la cuestión del llamamiento de representantes del reino, aunque las discuciones se centraron en la procedencia de convocatoria de una junta o asamblea general. El 15 de septiembre de 1808 un grupo de conspiradores bajo la dirección de Gabriel de Yermo, prende y destituye a Iturrigaray. La Real Audiencia nombra como nuevo Virrey a Pedro Garibay y reconoce a la *Junta Central de España*, con la subsecuente suspensión de todos los proyectos de reforma. A partir de entónces, los principales dirigentes del grupo criollo son encarcelados o desterrados. Unos meses después, la *Junta Central de España* sustituye a Garibay por el arzobispo Francisco de Lizana quien sigue una política conciliadora, lo que desagrada a los del partido europeo, el cual logra la destitución de Lizana en 1810. Hasta la llegada de su sustituto, Francisco Xavier Venegas, la Real Audiencia toma

---

15   José MIRANDA, *Las ideas...*, pág. 251

las riendas del gobierno.[16]

La desgracia del Virrey Iturrigaray acarreó la de sus amigos el Lic. Primo de Verdad, también miembro del Colegio de Abogados y del Lic. Azcárate, quienes dirigían al ayuntamiento considerado la cabeza del partido novohispano frente al europeo.

Azcárate fue procesado y encarcelado por tres años, liberado en 1811 "quedando el interesado en buena opinión y fama que se tenía de su honor y circunstancias, antes de los sucesos de 1808" señala la sentencia liberatoria.

Lo anterior trajo consigo la radicalización de la actitud de los criollos. En Querétaro Miguel Hidalgo, Ignacio Allende y Juan Aldama se reúnen regularmente, con proyectos similares a los del ayuntamiento en 1808. Hidalgo y Allende habían adoptado un plan concebido en México de integrar una junta compuesta por representantes de los diversos cuerpos bajo la dirección de la clase media a través de los Cabildos. Al ser descubiertos, Hidalgo decide, en la noche del 15 de septiembre, llamar en su auxilio al pueblo de Dolores, de donde es párroco. A decir de Luis Villoro "la primera gran revolución popular de la América hispana se ha iniciado".[17] De Dolores, Hidalgo y el ejército insurgente se dirigieron a

---

16   Véase Luis VILLORO, "La revolución de independencia", en *Historia general de México.* Primera reimpresión, El Colegio de México, México, 1980, tomo 2, pág. 323.

17   *Idem.,* pág. 326

Atotonilco, de ahí a Celaya y posteriormente a Guanajuato, lugar en donde tomaron la alhóndiga. Posteriormente entraron en Valladolid y de ahí se dirigieron a la capital. Allende intentó inútilmente introducir cierto orden y disciplina militar, aunque sin mayor éxito. En el Monte de las Cruces, las tropas españolas se les enfrentaron y después de la batalla, los restos de la colúmna española se retiraron a la ciudad en espera del asalto final. Por razones de diversa índole, Hidalgo decidió no atacarla y regresó a Celaya para organizarse. De ahí, Allende partió hacia Guanajuato e Hidalgo a Valladolid. En diciembre Hidalgo se trasladó a Guadalajara, misma que había sido tomada por José Antonio Torres. En el sur, José María Morelos inicia un levantamiento y por doquier aparecen guerrillas que actúan por su propia cuenta.

Hidalgo buscaba un congreso integrado por representantes de los ayuntamientos que guardara la soberanía para Fernando VII. Allende por otra parte, se esforzaba en ordenar el levantamiento armado bajo las órdenes de militares criollos. El alejamiento de la figura de Fernando VII irá poco a poco separando a los dos líderes revolucionarios. Muchos criollos se oponusieron al movimiento y junto con el clero intentaron sofocarle.

A partir de noviembre de 1810 el ejército realista empieza a recuperar terreno bajo el mando de Calleja. Pronto serían recuperadas Guanajuato y Guadalajara, en donde Hidalgo es derrotado y tiene que huir hacia el norte junto con Allende. En el camino a Monclova son aprehendidos y, juzgados en Chihuahua, son ejecutados el 30 de julio.

Sin embargo, las guerrillas continuaron su labor. En Zitácuaro, Ignacio Rayón dirige la *Suprema Junta Gubernativa de América*, en un intento de mantener unido el movimiento. Las victorias de Morelos en el sur le darán también un fuerte impulso.[18] Será él quien ocupe la dirigencia requerida. En mayo de 1811 toma Chilpancingo y Tixtla, en diciembre Cuautla, misma que dos meses después sufrirá el sitio de Calleja por tres meses hasta la evacuación de la ciudad. Todavía el movimiento estaba compuesto básicamente por campesinos. Tiempo después los pobladores de las ciudades se unirán al movimiento. Poco a poco la clase media apoya la revolución y empiezan a actuar en la difusión de las ideas revolucionarias. Se busca atraer a los propietarios criollos, aunque éstos no se unirán al movimiento mientras éste siga basándose en el campesinado. Morelos toma las ideas propias de la clase media y las pretensiones del campesino, mismas que plasma en sus *Sentimientos de la Nación* de 14 de septiembre de 1813 en donde se declaró entre otros puntos lo siguiente:

1. La América es libre e independiente de España y toda otra nación.
2. La religión católica es la única, sin tolerancia de otra.
3. La soberanía domana directamente del pueblo, el que la deposita en sus representantes, dividiendo los poderes en legislativo, ejecutivo y judicial.
4. La esclavitud queda proscrita para siempre y lo mismo la distinción

---

18   *Idem.*, págs. 328-330

de castas.

5. A cada uno se le guarden sus propiedades y respete en cu casa como en asilo sagrado.

6. .En la nueva legislación no se admitirá la tortura.

7. Que se quiten los tributos y se fije un 5% en sus ganancias y demás efectos u otra caga igual a cada uno, y

8. Que se solemnice el día 16 de septiembre todos los años como el aniversario en que se levanto la voz de la independencia.[19]

Después de la evacuación de Cuautla, el ejército insurgente toma Tehuacán y termina por dominar Oaxaca, Guerrero y parte de Puebla y Veracruz además de Orizaba, Xalapa y finalmente Acapulco. A principios de 1813 la mayor parte del territorio nacional esta en manos de los insurgentes.[20]

La promulgación en México de la *Constitución de Cádiz* favoreció la autonomía de las diputaciones provinciales frente al Virrey. Por otra parte, en el bando insurgente, Morelos reunió en Chilpancingo el 15 de septiembre de 1813, un congreso de representantes de las regiones liberadas que eligió a Morelos como Generalísimo encargado del Poder Ejecutivo. El poder legislativo residía en el Congreso Nacional estaba integrado por cinco diputados en propiedad correspondiendo a Valladolid,

---

19   Véase *Sentimientos de la Nación*, en *El Congreso de Anáhuac...*, págs. 31-35. También se pueden consultar en Felipe TENA RAMÍREZ, *Leyes fundamentales ...*, págs. 29-31.

20   Luis VILLORO, "La revolución... ", pág. 336

Guadalajara, Guanajuato, Tecpan y Oaxaca, con tres suplentes por México, Puebla y Veracuz, quedando Tlaxcala para resultas. El Poder Judicial estaba integrado por quince funcionarios.

El día 6 de noviembre de 1813 dicho Congreso proclamó el *Acta solemne de la declaración de la Independencia de la América Septentrional*, estableció la república y se dedicó a la elaboración (partiendo de los *Sentimientos de la Nación* y del *Reglamento para la instalación, funcionamiento y atribuciones del Congreso* de 11 de septiembre de 1813) de la primera constitución mexicana o *Decreto Constitucional para la libertad de la América Mexicana*, conocida también como *Constitución de Apatzingán* misma que promulgó en Apatzingán el 22 de octubre de 1814. Este documento careció de vigencia práctica, pero fueron designados los titulares de los poderes por él constituidos.

La *Constitución de Apatzingán* de 1814, formada por veintidos capítulos y estos integrados por doscientos cuarenta y dos artículos, estableció entre otros puntos:

- La única religión que se podía profesar en el Estado era la católica, apostólica romana.
- La soberanía es la facultad de dictar leyes y de establecer la forma de gobierno que más convenga a los intereses de la sociedad.
- La soberanía es imprescriptible, inajenable e indivisible.
- Los ciudadanos tienen el derecho incontestable de establecer el gobierno que más les convenga, alterarlo, modificarlo y abolirlo

totalmente.

- Se reputan ciudadanos de América todos los nacidos en ella, así como los extranjeros que no se opongan a la libertad de la Nación y profesen la religión católica, apostólica, romana.

- La ley es la expresión de la voluntad general en orden a la felicidad común y debe ser igual para todos.

- La felicidad del pueblo consiste en el goce de la igualdad, seguridad, propiedad y libertad.

- Las provincias que comprenden la América mexicana son México, Puebla, Tlaxcala, Veracruz, Yucatán, Oaxaca, Tecpan, Michoacán, Querétaro, Guadalajara, Potosí, Zacatecas, Durango, Sonora, Coahuila y Nuevo Reino de León.

- Las supremas autoridades son el *Supremo Congreso Mexicano*, el *Supremo Gobierno* y el *Supremo Tribunal de Justicia*.

Un año después, un 15 de noviembre Morelos fue capturado y posteriormente juzgado y fusilado. Días después Mier y Terán disolvió lo que quedaba de los tres poderes.[21] Con esto la insurgencia prácticamente desapareció.

En septiembre de 1816 Juan Ruiz de Apodaca sustituye a Calleja e inicia una nueva campaña militar contra los restos de la insurgencia que estaba al mando de Osorno y Guadalupe Victoria en Veracruz y en el sur

---

21   Legislativo, ejecutivo y judicial. Véase Felipe TENA RAMÍREZ, *Leyes fundamentales ...*, págs. 28-58

Vicente Guerrero a la cabeza de las guerrillas. En abril de 1817 Francisco Xavier Mina desembarca en Soto la Marina y con él Servando Teresa de Mier. Mina intenta unirse a los insurgentes aunque pronto es derrotado y hecho prisionero para morir fusilado en noviembre.

En 1820 se inició en España la rebelión liberal que llevaría a Fernando VII a jurar la constitución de Cádiz con las consecuencias propias del nuevo regimen liberal. Apodaca y la Real Audiencia se vieron obligados a su vez a jurar la Constitución. El clero no se encontraba en una buena posición por el anticlericalismo reinante en las cortes. Funcionarios europeos por temor a un movimiento del clero se reúnen en La Profesa para desconocer la Constitución y buscar que sean las leyes anteriores las que sigan aplicándose, el plan fracaza pues una parte del grupo jura la Constitución apoyado por las tropas expedicionarias.

España había logrado restablecer su poder en la Nueva España debido a que las fórmulas de independencia propuestas por los jefes y los movimientos en la primera fase de la guerra eran inaceptables para la clase política en México. Estos primeros levantamientos de 1810 fracazaron por su corte radical.[22]

En el mes de noviembre, Don Agustín de Iturbide es nombrado jefe del ejército que debía de atacar a Vicente Guerrero. Sin embargo,

---

22   Timothy E. ANNA, *La caída del gobierno español en la ciudad de México.* Trad. Carlos Valdés, Secretaría de la Defensa Nacional, México, 1995, pág. 201.

después de atraerse el apoyo de los principales jefes del ejército, promulga el *Plan de Iguala* el 24 de febrero de 1821, jurado en el pueblo de Iguala el 2 de marzo de ese año, proclama la independencia y mantiene la monarquía. Será este el primer plan aceptable políticamente.

El *Plan de Iguala* fijó las bases fundamentales para la constitución del Estado mexicano, aportando los principios de organización política que habría de tener. Señala Jaime del Arenal que la clave para lograr la independencia fue la unión propuesta por Agustín de Iturbide en un plan que garantizaba al español que no sería expulsado, perseguido, objeto de expoliaciones, venganzas o crímenes, es decir, Iturbide garantizó en el Plan el fin de la guerra a muerte, total.[23]

En el *Plan de Iguala* se declaran en 23 puntos (ó 24 dependiendo de la versión)[24] las siguientes resoluciones entre otras:

(a) La religión de la Nueva España es y será la católica, apostólica y romana.

(b) La independencia absoluta de la Nueva España.

(c) El gobierno monárquico templado por una Constitución análoga al país.

(d) Fernando VII será el Emperador, y no presentándose personalmente

---

23   Jaime DEL ARENAL FENOCHIO, "Una nueva lectura del Plan de Iguala", en *Revista de investigaciones jurídicas.* Escuela Libre de Derecho, año 18, número 18, México, 1994, pág. 48.

24,   *Idem,* págs. **68-73**. Utilizamos ambas versiones, publicadas por Jaime del Arenal.

en México dentro del término que las Cortes señalaren, serán llamados a prestar juramento el Infante D. Carlos, el Sr. D. Francisco de Paula, el Archiduque Carlos u otro de la Casa Reinante que el Congreso estime conveniente.

(e) Interin se reúnen las Cortes habrá una Junta Gubernativa que hará se cumpla con el Plan, integrada por los vocales propuestos por el Virrey. La Junta gobernará a nombre del Rey, y si este resuelve no venir a México, la Junta seguirá en funciones hasta que resuelva quién debe coronarse.

(f) El gobierno será sostenido por el Ejército de las Tres Garantías.

(g) Las Cortes resolverán si la Junta debe continuar o en su lugar una Regencia en lo que llega el Emperador. Una vez reunidas preperarán la Constitución del Imperio Mexicano.

(h) Las personas y propiedades de todo ciudadano serán respetadas y protegidas. El clero conserva todos sus fueros y propiedades.

(i) Interin se reunen las Cortes, se procederá en los delitos con arreglo a la Constitución de Cádiz.

(j) La integración de un ejército protector denominado "de las Tres Garantías".

(k) Este ejército *quedaba obligado a observar a la letra las Reales Ordenanzas para el Régimen, Disciplina, Subordinación y Servicio de sus Exércitos*, de 22 de octubre de 1768 quedando tanto los gefes como la oficialidad en el pié en que estaban.[25]

---

25   Sobre el tema véase nuestro trabajo "Notas para una historia del derecho militar mexicano", en *Estudios en Homenaje a Don Manuel Gutiérrez de Velasco*. Universidad Nacional Autónoma de México, Instituto de Investigaciones Jurídicas, México, 2000.

(l) Las tropas que integraran dicho ejército, serían consideradas como de línea; y lo mismo serían aquellas que abrazaren el Plan: las que lo difieran y los paisanos que quisieren alistarse, serían considerados como milicia nacional, cuyo arreglo y forma se dictaría por las cortes.

El *Plan de Iguala* fue apoyado por sectores liberales, oficiales del ejércitom comerciantes, clero y nobleza tanto criolla como peninsular, por lo que, como afirma Jaime del Arenal: "hoy ya no puede sostenerse la afirmación de que el proyecto de Iguala y la consumación de la independencia obedecieron a un movimiento contrarrevolucionario o reaccionario."[26]

Por lo pronto una *Junta de Regencia* ocupa el poder. Los criollos son unificados bajo el Plan de Iguala. En poco tiempo, el ejército de Iturbide ocupa las principales ciudades. Mientras tanto, las tropas expedicionarias destituyen a Apodaca y queda en su lugar Francisco Novella.

Tiempo después, el 3 de agosto desembarca en Veracruz Juan O'Donojú, nuevo Jefe Político Superior de la Nueva España, quien al ver el estado de la revolución, entra en tratos con Iturbide en Córdoba. Firman el 24 de agosto de 1821 los *Tratados de Córdoba* en donde se llega a los siguientes acuerdos:

---

26   *Idem*, pág. 53

1. Se reconoce la independencia de México, llamado en lo sucesivo Imperio Mexicano.

2. El gobierno del Imperio será monárquico, constitucional moderado.

3. Será llamado a reinar en el Imperio en primer lugar el Rey de España Fernando VII; por su renuncia o no admisión, su hermano el infante Don Carlos; por su renuncia o no admisión, el infante D. Francisco de Paula; por su renuncia o no admisión, el infante Carlos Luis; por su renuncia o no admisión, el que el las Cortes del Imperio estimen conveniente.

4. La capital del Imperio será la Ciudad de México.

5. Se integrará una *Junta Provisional Gubernativa* compuesta por los primeros hombres del Imperio que deberá manifestar públicamente su instalación, nombrar una Regencia compuesta de tres personas en quien residirá el Poder Ejecutivo en nombre del Monarca hasta que éste sea Emperador.

6. La Regencia convocará a Cortes en donde reside el poder legislativo.

7. La Junta Provisional Gubernativa gobernará interinamente conforme a las leyes vigentes en todo lo que no se opongan al *Plan de Iguala* y mientras las Cortes formen la

Constitución del Estado Mexicano.[27]

Poco despues se establece un armisticio con Novella y las tropas expedicionarias después de rendirse inician su retorno a España. La independencia se verá consumada el 27 de septiembre con la entrada del ejército de las tres garantías en la capital al mando de Iturbide.

De acuerdo a lo establecido por el Plan de Iguala, se intaló la Junta Provisional Gubernativa el 28 de septiembre, eligiendo como su presidente a Agustín de Iturbide, fecha en que levantó el *Acta de la Independencia Mexicana* de 28 de septiembre de 1821 y designo a los cinco integrantes de la Regencia que a su vez eligieron a Iturbide su presidente, lo que obligó a la Junta a elegir a uno nuevo para evitar incompatibilidades.

En el *Acta de Independencia Mexicana* se declaró que México es una nación soberana e independiente de España, con quien en lo sucesivo no se mantendría otra unión que la de una amistad estrecha en los términos que prescriben los tratados. La nación mexicana se habrá de constituir conforme a las bases que en el Plan de Iguala y los Tratados de Córdoba fueron establecidas.[28]

---

27   El texto se puede consultar en Felipe TENA RAMÍREZ, *Leyes fundamentales ...*, págs. 116-119.

28   Su texto en Felipe TENA RAMÍREZ, *Leyes fundamentales ...*, págs. 122-123.

II. El Imperio y las dos opciones constitucionales: centralismo y federalismo

Los *Tratados de Córdoba* fueron sometidos a las Cortes en España, que en sesión de 13 de febrero de 1822 decidió no reconocer y tenerlos por nulos de origen ya que el Jefe Político Superior que firmó los Tratados no había sido previamente facultado para ello por las Cortes.[29] El 27 de marzo de ese año, una vez conocido el rechazo de España, Iturbide envió un cuestionario a las autoridades de villas y ciudades en el país, a efectos de conocer la opinión sobre el sistema de gobierno deseado, la Regencia, el número del ejército, la Milicia Nacional, clero secular y regular, etc. [30]

En el mes de julio de 1822 el Congreso nombró una comisión encargada de elaborar el proyecto de Constitución, misma que se instaló el 2 de noviembre de ese año, integrada por Mendiola, Alcocer, González, San Martín, Godoy, Ubarra, Martínez de los Ríos, Marín, Janínez, Abarca, Herrera y Bustamante, presentándose ante ella diversos proyectos constitucionales. Por su parte la *Junta Nacional Instituyente*, que sería disuelta el 6 de marzo de 1823, elaboró el *Reglamento Político Provisional*

---

29   José M. GAMBOA, *Leyes constitucionalesde México durante el siglo XIX.* Oficina Tip. de la Secretaría de Fomento, México, 1901, págs. 49-52.

30   JIMÉNEZ CODINACH, Guadalupe, "Reglamento Provisional Político del Imperio Mexicano, 1822. Primer proyecto de Constitución del México independiente (1822)", Patricia, Galeana (Coord.), *México y sus constituciones,* México, Fondo de Cultura Económica, Archivo General de la Nación, 1999, págs. 66-67

del Imperio Mexicano de 18 de diciembre de 1822, aprobado en el mes de febrero de 1823 por 21 votos a favor contra 17, que habría de sustituir a la *Constitución de Cádiz* de 1812 y que se sumó a las *Bases Constitucionales* aceptadas por el Primer Congreso Constituyente al momento de su instalación el 24 de febrero de 1822.[31]

Las *Bases Constitucionales* establecían que en el Congreso legítimamente constituído residía la soberanía nacional y en consecuencia declaraban que la religión católica, apostólica, romana sería la única del Estado, con exclusión de otra alguna. Adoptaban para el gobierno la monarquía moderada constitucional con la deniominación de *Imperio Mexicano,* y llamó al trono a las personas designadas en el Tratado de Córdoba, además declaró la igualdad de derechos civiles en todos los habitantes del Imperio.

El *Reglamento Político Provisional del Imperio Mexicano* esta dividido en ocho secciones y estas a su vez en capítulos y artículos en número de cien. Establecía entre otros puntos los siguientes:

1. Por su artículo primero quedó abolida en el Imperio la *Constitución de Cádiz*, dejando en vigor las leyes, órdenes y decretos anteriores al 24 de febrero de 1821 que no pugnaran con el propio *Reglamento*.

2. Establecía además la intolerancia religiosa, afirmaba la libertad,

---

31   Véase sobre el tema a BARRAGÁN BARRAGÁN, José, *Introducción al Federalismo (la formación de los poderes en 1824).* Universidad Nacional Autónoma de México, Coordinación de Humanidades, 1978, págs. 96-115

independencia y soberanía de la nación, así como su gobierno monárquico-constitucional, representativo y hereditario.

3. La propiedad es inviolable, la seguridad, como resultado de ésta y de libertad.

4. Son mexicanos sin distinción de orígen todos los habitantes del Imperio, así como los extranjeros que llegaren en lo sucesivo y juren fidelidad al Emperador y a las leyes del Imperio.

5. Se consagra la libertad de expresión de las ideas, estableciéndose la censura en materia religiosa, eclesiástica, persona del Emperador, independencia y unión.

6. El sistema de gobierno político del Imperio Mexicano se compone de los poderes legislativo, ejecutivo y judicial, que son incompatibles en una misma persona o corporación.

7. El Poder Legislativo reside en la Junta Nacional Instituyente, que lo ejercerá de conformidad con las *Bases orgánicas de la Junta Nacional Instituyente* de 2 y 5 de noviembre de 1822.

8. El Poder Ejecutivo reside exclusivamente en el Emperador, como jefe supremo del Estado, cuya persona es sagrada e inviolable.

9. Se establecieron cuatro ministros: Del interior y relaciones exteriores; De justicia y de negocios eclesiásticos; De hacienda; De guerra y marina, y un secretario de estampilla.

10. Subsiste el Consejo de Estado para dar dictámenes al Emperador en los asuntos que sean necesarios.

11. Se nombrará un jefe superior político en cada provincia por el Emperador.

12. En materia judicial subsisten los fueros militar y eclesiástico, así

como los de hacienda y minería que procederán según sus ordenanzas y leyes respectivas.

13. Los Consulados de Comercio sólo deberán ejercer el oficio de jueces conciliadores en asuntos mercantiles o bien de árbitros.

14. Subsisten los alcaldes, jueces de letras y lkas Audiencias territoriales establecidas. Además, en todo pleito no habrá más de tres instancias y tres sentencias definitivas, dos de ellas conformes causan ejecutoria.

15. Se establece un Supremo Tribunal de Justicia con residencia en la capital del Imperio y conformado por nueve ministros.

Recibida en México la noticia un motín militar encabezado por el sargento Pío Marcha llevó a Iturbide al trono del *Imperio Mexicano*.

El Primer Constituyente fue disuelto por Iturbide el 31 de octubre de 1822 y reinstalado el 7 de marzo de 1823, momento en que declaró la nulidad de la coronación de Agustín I y la insubsistencia de la forma de gobierno establecida en el Plan de Iguala y los Tratados de Córdoba.

En el México independiente se presentó la disyuntiva entre centralismo y federalismo, que con el tiempo derivó en la oposición entre conservadores y liberales respectivamente. Entre 1822 y 1824 los constituyentes estaban divididos entre centralistas y federalistas, mas no en liberales y conservadores, posturas que se fijaron en los años posteriores. Durante el Nuevo Congreso Constituyente de 1823-1824 el líder de los diputados que sostenían la opción federal fue Miguel Ramos Arizpe, padre del federalismo, quien había sido diputado en las Cortes de Cádiz, con vasta experiencia parlamentaria y fungía como Presidente de la Comisión de Constitución. Del lado de los diputados que preferían al centralismo, fray Servando Teresa de Mier se encontraba a la cabeza.[32]

La primera opción tomada fue la del federalismo por acuerdo del 21 de mayo de 1823 en donde en el Primer Congreso se decidió que la nación mexicana adoptaría en su gobierno la forma de república representativa, popular, federal, en parte por la influencia constitucional estadounidense como por los elementos federales de la Constitución de Cádiz, si bien, se actuó en contra de la tradicional organización de corte centralista que había imperado en México desde antes de la llegada de los españoles. Así, los vaivenes entre federalismo y centralismo serán una constante en la historia constitucional mexicana de los años posteriores a la primera constitución federal. No será sino hasta 1867 con el triunfo de la República que el federalismo se consolide en México.[33]

Durante el Segundo Congreso Constituyente, reunido el 5 de noviembre de 1823, fecha en que quedó disuelto el anterior y dada la urgente

---

32   Teresa de MIER tuvo importantes intervenciones al momento de decidir el Congreso cuáles serían los colores y diseño de la bandera nacional. Véase *Actas constitucionales mexicanas (1821-1824)*. Introducción y notas de José BARRAGÁN BARRAGÁN, UNAM, México, 1981, tomo V, correspondiente al facsimilar del tomo IV del *Diario de las sesiones del Congreso Constituyente de México*. En la oficina de Valdés, México, 1823, págs. 262-263

33   José Luis SOBERANES, *Historia...*, pág. 121

necesidad de contar con un texto constitucional se preparó un *Acta Constitutiva* por una comisión integrada por los diputados Miguel Ramos Arizpe, Miguel Arguelles, Rafael Mangino, Tomás Vargas, José de Jesús Huerta, Cañedo y Rejón. El proyecto, que constaba de un discurso preliminar y de un cuerpo de 40 artículos fué presentado el 20 de noviembre de 1823[34], posteriormente debatido y finalmente aprobado el 31 de enero de 1824 bajo el nombre de *Acta Constitutiva de la Federación Mexicana*[35], como anticipo de la Constitución y para asegurar el sistema federal.

Esta integrada por 36 artículos en donde se establecía como forma de gobierno la de república representativa popular federal, integrada por estados independeintes, libres y soberanos que son los de Guanajuato, interno de Occidente (provincias de Sonora y Sinaloa), interno de Oriente (provincias de Coahuila, Nuevo León y Texas), interno del Norte (provincias de Chihuahua, Durango y Nuevo México), el de México, Michoacán, Oaxaca, Puebla de los Angeles, Querétaro, San Luis Potosí, Nuevo Santander o de las Tamaulipas, Tabasco, Tlaxcala, Veracruz, Jalisco, Yucatán, los Zacatecas, las Californias y el partido de Colima.

Avance fundamental del Acta Constitutiva es la de atribuir la soberanía a la Nación, ya no al pueblo, como lo hizo en su momento la Constitución de Apatzingán.

---

34   José BARRAGÁN BARRAGÁN, "Introducción ", en *Actas constitucionales mexicanas (1821-1824)...,* tomo IX, pág. LXXXI

35   Su texto en Felipe TENA RAMÍREZ, *Leyes fundamentales...,* pág. 154-161

Se estableció también que el poder supremo de la federación se divide para su ejercicio en legislativo, ejecutivo y judicial, no pudiendo reunirse dos o mpás de estos poderes ni depositarse el legislativo en un solo individuo.

Cabe señalar, como afirma José Luis Soberanes, que la gran ausente del *Acta Constitutiva* fue una declaración de derechos humanos.[36]

La discución del proyecto de Constitución en el seno del Congreso se dió a partir del 1 de abril de 1824 y fue aprobada finalmente el 3 de octubre del mismo año, promulgada el día 4 y publicada el 5 con el nombre de *Constitución Federal de los Estados Unidos Mexicanos.* La Constitución de 1824 estuvo vigente hasta 1835 año en que el Congreso de corte conservador promulgó las *Bases Constitucionales* de 23 de octubre de 1835 y posteriormente las *Siete Leyes Constitucionales* de 1836 que establecieron el centralismo, sustituídas por las también centralistas *Bases Orgánicas* de 1843. En 1846 se restableció la Constitución federal de 1824 modificada por el *Acta Constitutiva y de Reformas* de 1847, hasta 1853, año en que Santa Anna presidió una dictadura en México tendiente al centralismo y fue derrocado en 1855 por la *Revolución de Ayutla.* Con ella se da inició a la primera fase del movimiento de Reforma[37] y se convocó a un nuevo

---

36   José Luis SOBERANES, *Historia...,* pág. 123

37   Jorge SAYEG HELÚ, *Introducción a la historia constitucional de México.* UNAM, ENEP Acatlán, México, 1983, pág. 73

Congreso Constituyente de 1856-1857 que expidió la *Constitución Política de la República Mexicana* de 5 de febrero de 1857 que retornó al federalismo.

III. Primera república federal, repúblicas centrales, segunda república federal, régimen centralista.

a)Primera república federal: La *Constitución Federal de los Estados Unidos Mexicanos* de 4 de octubre de 1824.

Este texto constitucional consta de 171 artículos, distribuidos en VIII títulos. Fue jurada en sesión del Congreso del día 5 de octubre siguiente.[38] La Constitución de 1824 establece entre otros puntos:

(2) Como forma de gobierno la de una República democrática federal, análoga a la de los Estados Unidos de América.[39]

(3) .El poder supremo de la federación se divide en ejecutivo, legislativo y judicial.

(4) El Poder Ejecutivo se deposita por cuatro años en un individuo, el Presidente, cuyas faltas serán suplidas por un Vicepresidente. La

---

38   *Primer Centenario de la Constitución de 1824.* Obra conmemorativa dirigida por el Dr. D. Pedro de ALBA y el profesor D. Nicolás RANGEL, H. Cámara de Senadores de los Estados Unidos Mexicanos, talleres gráficos Soria, México, 1924, pág. 285

39   Miguel CARBONELL Y SÁNCHEZ, *Constitución, reforma constitucional y fuentes del derecho en México.* Instituto de Investigaciones Jurídicas, UNAM, México, 1998. págs. 80-81.

elección de ambos es llevada a cabo por las legislaturas de los estados mediante designación de dos candidatos por cada estado y el envío de las listas respectivas al Congreso, que se encarga del cómputo de votos y en caso de empate decide la elección.

(5) El Poder Legislativo esta depositado en dos Cámaras: senadores y diputados, una de las cuales se renueva totalmente cada dos años, formada por diputados electos por electores a razón de un diputado por cada ochenta mil habitantes; la otra, cuya mitad se renueva cada dos años, de Senadores a razón de dos por cada estado, cuyas legislaturas hacen la elección.

(6) El Poder Judicial se deposita en una Suprema Corte, Tribunales de Circuito y Juzgados de Distrito. Los Magistrados de la Suprema Corte son inamovibles y electos por las Legislaturas de los estados. Los magistrados de circuito y jueces de distrito son nombrados por el Ejecutivo a propuesta en terna de la Suprema Corte.

(7) No existe un capítulo destinado a los derechos fundamentales, y para la defensa de los mismos la única vía es la responsabilidad de los funcionarios. En este sentido, Emilio O. Rabasa afirma que "en la ley máxima de 1824,... son escasas y están diseminadas las garantías."[40]

(8) Consagra la intolerancia religiosa.

(9) Fija la libertad de imprenta.

(10)   El territorio de la Nación comprende lo que fué el virreinato

---

40   RABASA, Emilio O., "Constitución Federal de los Estados Unidos Mexicanos, 1824. Análisis jurídico", Patricia, Galeana (Coord.), *México y sus constituciones,* México, Fondo de Cultura Económica, Archivo General de la Nación, 1999, pág. 91

de la Nueva España, la capitanía general de Yucatán, las provincias internas de Oriente y Occidente y el de la Baja y Alta California, con los terrenos anexos e islas adyacentes en ambos mares.

(11)   Se crea un Consejo de Gobierno, formado por la mitad de los senadores, uno por cada estado, presididos por el Vicepresidente. Estaba encargado:

a) De velar sobre la observancia de la Constitución, del Acta Constitutiva y leyes generales, formando un expediente sobre cualquier incidente relativo a tales objetos.

b) Debía igualmente hacer las observaciones que considerase convenientes al Presidente de la República para el mejor cumplimiento de la Constitución y de las lkeyes de la Unión.

c) Acordar por sí solo o a propuesta del Presidente la convocatoria del Congreso a sesiones extraordinarias.

d) Otorgar su consentimiento para el uso de la milicia local para la seguridad interior y defensa exterior de la Federación.

e) Aprobar el nombramiento de los Secretariod del Despacho.

f) Otorgar su consentimiento para que el Presidente tome el mando personal de las fuerza de mar y tierra.

g) Nombrar dos individuos para que junto con el Predidente de la Suprema Corte de Justicia ejerzan provisionalmente el Poder Ejecutivo en el caso de que se produzca impedimento temporal del Presidente y Vicepresidente cuando el Congreso no se encuentre reunido.

h) Recibir el juramento por parte del Presidente y Vicepresidente sobre el debido cumplimiento de sus deberes al inicio de su encargo

i)   Rendir su dictámen sobre las consultas que el Presidente formule en materia de concesión o negativa del pase a los decretos conciliares, bulas pontificias, breves y rescriptos.

Señala Emilio O. Rabasa que la gran cuestión del Constituyente de 1824 fue la adopción del federalismo, tomado de la Constitución estadounidense y significó la antítesis del centralismo virreinal. "República federal, significaba, como seguramente bien lo entendió Ramos Arizpe, no sólo la división de poderes dentro del gobierno nacional, sino también dentro de la organización política social?. Así, la Constitución de 1824 garantizaba la forma republicana representativa y popular de gobierno para cada estado de la federación.[41]

Uno de lor principales problemas de la Constitución de 1824 fue el sistema de elección del Presidente y Vicepresidente, ya que el Presidente era quien lograba reunir la mayoría absoluta de votos de las legislatuas, y el Vicepresidente era quien le seguía en sufragios. El hecho de que el Vicepresidente fuera el adversario derrotado políticamente trajo consigo divisiones ideológicas y políticas con constantes pronunciamientos en contra del Presidente, desprestigiando y debilitando al sistema federal y preparando el camino al régimen centralista.[42]

41   Emilio O. RABASA, *Historia de las constituciones mexicanas.* Instituto de Investigaciones Jurídicas, UNAM, México, 1997, págs. 26-29

42 Idem, pág. 33
        Idem, pág. 33

Otro problema fundamental en el texto constitucional de 1824 será la ausencia de otorgamiento de poderes de emergencia para el Ejecutivo, ya que con ello, la Constitución quedaba sin mecanismos para enfrentar situaciones de emergencia, que abundaron durante su vigencia. "El resultado del desfase entre la estructura institucional y la realidad política fue el debilitamiento de la legitimidad constitucional...Una vez que fue puesta en vigor la Constitución de 1824, y justo antes de que el Congreso constituyente cerrara sus sesiones, se promulgó una ley de Poderes Especiales que era, en realidad, una ley de facultades extraordinarias."[43]

La consecuencia de lo anterior fue a decir de Aguilar Rivera, que los principales actores políticos considerasen inviables los preceptos constitucionales.[44]

b)Repúblicas centrales: las *Bases Constitucionales* de 23 de octubre de 1835, las *Siete Leyes Constitucionales* de 30 de diciembre de 1836 y las *Bases de organización política de la República Mexicana* de 12 de junio de 1843.

---

43   AGUILAR RIVERA, José Antonio, *En pos de la quimera. Reflexioines sobre el experimento constitucional atlántico,* México, CIDE, Fondo de Cultura Económica, 2000, pág. 81.

44   *Idem.* Sobre el tema de los poderes de emergencia véase del mismo autor *El manto liberal. Los poderes de emergencia en México 1821-1876.* Instituto de Investigaciones Jurídicas, Universidad Nacional Autónoma de México, México, 2001.

La Constitución Federal de 1824 estuvo en vigor hasta 1835. Su texto no podía ser revisado según la propia Constitución sino hasta 1830, por lo que las reformas que se propusieron desde 1826 no podían llevarse a cabo sino hasta ese año. Sin embargo, las propuestas no llegaron a ser votadas por el Congreso y la Constitucion permaneció intocada hasta su abrogación en 1835.

Señalamos que en los inicios del México independiente surgieron dos partidos: conservadores-centralistas y liberales-federales. Estos dos partidos tuvieon un primer enfrentamiento importante entre 1832 y 1834 durante la administración del Vicepresidente Gómez Farías en ausencia del Presidente Santa Anna cuando se llevaron a cabo diversas reformas radicales de corte liberal en materia eclesiástica y militar que ocasionó la reacción de los grupos afectados y el desmembramiento del partido liberal apareciendo el partido de los liberales moderados que a diferencia de los puros consideraban que las reforma debían llevarse a cabo por la vía de la persuasión y de manera paulatina, uniéndose a los Conservadores en contra de las reformas. Al regreso de Santa Anna, despidió a Gómez Farías y suspendió la nueva legislación que abarcaba de abril de 1833 a mayo de 1834. Como señala Costeloe, el "desplome del primer gobierno radical de México, en la primavera de 1834, fue rápido y dramático."[45]

En el Congreso Federal de 1835 se logró la mayoría por los

---

45   COSTELOE, Michael P., *La república central en México, 1835-1846 "Hombres de bien en la época de Santa Anna"*, Trad. Eduardo L. Suárez, México, Fondo de Cultura Económica, 2000, pág. 52

conservadores. Las sesiones se iniciaron el 4 de enero de 1835 con intentos por parte de Santa Anna y del grupo conservador de instaurar el centralismo con una no muy clara situación jurídica debido a que el artículo 171 constitucional prohibía el cambio del sistema federal, aunado al inicio por todo el país de una serie de revueltas, resistencia particularmente graves en Zacatecas y Texas.[46]

El 23 de junio de 1835 el Consejo de Gobierno convocó a sesiones extraordinarias al Congreso General para considerar y resolver sobre las manifestaciones en favor del cambio de forma de gobierno, contraviniendo así el texto del artículo 171 constitucional. El consenso no se logró sino hasta el el 16 de julio confiándose el proyecto de reformas a una comisión integrada por Miguel Valentín, José Ignacio Anzorena, José María Cuevas, Antonio Pacheco Leal y Francisco Manuel Sánchez de Tagle. Esta comisión presentó un proyecto de Bases Constitucionales que fue finalmente aprobado el 23 de octubre de 1835, siendo presidente interino de la República Miguel Barragán.

Al ser aprobado el proyecto con el nombre de *Bases Constitucionales* se ponía fin al sistema federal y daba inicio la etapa centralista. En las *Bases* se señalaban los temas que serían motivo de las leyes constitucionales posteriores. Como señala Barragán, la etapa centralista se va a caracterizar por una enorme movilidad y reacomodo de las

---

46   *Ibidem*, pág. 76

fuerzas políticas, con predominio de los conservadores.[47] Estará marcada además, por la injusta guerra con los Estados Unidos que significó para el país la pérdida de más de la mitad del territorio nacional.

Las *Bases Consttucionales* de 23 de octubre de 1835 establecían la intolerancia religiosa al declarar en su artículo 1 que "La Nacion mexicana, una, soberana é independiente como hasta aquí, no profesa ni protege otra religion que la *católica, apostólica, romana*, ni tolera el ejercicio de otra alguna"[48] y en su artículo 3 un sistema de gobierno republicano, representativo y popular. El poder para su ejercicio se dividía en legislativo, ejecutivo y judicial, residiendo el primero en un Congreso de representantes de la Nación dividido en dos cámaras una de diputados y otra de senadores elegidos popular y periódicamente.

El Poder Ejecutivo residiría en un Presidente por elección popular indirecta y periódica, mexicano por nacimiento.. El Poder Judicial residiría en una Suprema Corte de Justicia y en los tribunales y jueces que establezca la ley constitucional.

El territorio se dividiría en Departamentos al frente de los cuales habría gobernadores y juntas departamentales.

---

47   BARRAGÁN BARRAGÁN, José, "Breve comentario sobre las leyes constitucionales de 1836", Patricia, Galeana (Coord.), *México y sus constituciones,* México, Fondo de Cultura Económica, Archivo General de la Nación, 1999, pág. 116.

48   *Bases y leyes constitucionales de la Republica mexicana, decretadas por el Congreso General de la Nacion en el año de 1836*, México, Imprenta del Aguila, 1837, art. 1.

Estableció igualmente que una ley sistematizaría la hacienda pública en todos sus ramos y establecería un tribunal de revisión de cuentas.

Con la adopción del centralismo se produce la Guerra de Texas, que desembocaría en su anexión por los Estados Unidos.

Posteriormente y desarrollando los puntos de las *Bases Constitucionales*, se expidieron entre el 15 de diciembre de 1835 y el 30 de diciembre de 1836 las *Siete Leyes Constitucionales* que establecieron lo siguiente:

Primera Ley Constitucional:

Trata en 15 artículos de los Mexicanos, sus derechos y obligaciones así como de los demás habitantes de la República.   Contempla igualmente los derechos del ciudadano mexicano, sus supensión y obligaciones.   Se establece la libertad de tránsito, imprenta, la inviolabilidad de la propiedad privada y la irretroactividad de la ley.

Segunda Ley Constitucional:

Esta ley formada por 23 artículos crea un cuarto Poder: el *Supremo Poder Conservador*, "famoso y mal comprendido"[49] con residencia en la capital de la República, sin día, hora o lugar preciso para sus sesiones, depositado en cinco individuos de los que se renovaba uno cada dos años.

---

49   BARRAGÁN BARRAGÁN, José, "Breve…, pág. 120

Sus atribuciones eran:

1. Declarar la nulidad de una ley o decreto dentro de los dos meses posteriores a su sanción cuando fueran contrarios al texto expreso de la Constitución. Esta declaración de nulidad debía ser solicitada por el Supremo Poder Ejecutivo, la alta Corte de Justicia o por al menos 18 miembros del Poder Legislativo.

2. Declarar a solicitud del Poder Legislativo o la Suprema Corte de Justicia y dentro de los cuatro meses siguientes a su notificación, la nulidad de los actos del Ejecutivo cuando estos fueran contrarios a la Constitución o a las leyes.

3. Declarar en el mismo término la nulidad de los actos de la Suprema Corte de Justicia, a solicitud de alguno de los otros dos poderes y sólo en el caso de usurpación de facultades.

4. Declarar a solicitud del Congreso General la incapacidad física o moral del Presidente de la República cuando le sobreviniera.

5. Suspender a solicitud de alguno de los otros dos poderes a la alta Corte de Justicia cuando desconozca a alguno de ellos o intente trastornar el orden público.

6. Suspender hasta por dos meses las sesiones del Congreso General o resolver se llame a ellas a los suplentes cuando convenga al bien público y lo solicite el Supremo Poder Ejecutivo.

7. Restablecer constitucionalmente a cualquiera de los tres poderes cuando hayan sido disueltos revolucionariamente.

8. Declarar, excitado por el Poder Legislativo, previa iniciativoa de alguno de los otros dos Poderes, cuál es la voluntad de la Nación, en

cualquier caso extraordinario en que sea conveniente conocerla.

9. Declarar a solicitud de la mayoría de las Juntas Departamentales cuándo el Preidente de la República debe renovar el ministerio por bien de la Nación.

10. Sancionar las reformas constitucionales acordadas por el Congreso.

11. Calificar las elecciones de los senadores.

12. Nombrar el día 1° de cada año a los 18 letrados que habrán de juzgar a los ministros de la alta Corte de Justicia y de la marcial, en los casos previstos en las leyes constitucionales.

Se estableció además que el *Supremo Poder Conservador* no era responsable de sus operaciones más que ante Dios y la opinión pública, no pudiendo ser juzgados sus integrantes en ningún caso ni reconvenidos por sus opiniones. Si algno de sus miembros cometiera algún delito, la acusación se debía presentar ante el Congreso General el cual a pluralidad absoluta de votos calificaba si había lugar o no a la formación de la causa y procediendo, se seguirá y fenecerá ante la Suprema Corte de Justicia. Los casos civiles debían seguir el mismo procedimiento.

Tercera Ley Constitucional:

Esta trata en 58 artículos del Poder Legislativo, sus miembros, la formación de las leyes, las sesiones del Congreso General, facultades de las Cámaras y de la Diputación Permanente. El Poder Legislativo residía en el Congreso General de la Nación, dividido en dos cámaras: una de diputados y otra de senadores. Se debía elegir un diputado por cada ciento cincuenta mil habitantes y por cada fracción de ochenta mil, se debía renovar por mitad cada dos años. La Cámara de Senadores se componía de 24 senadores electos por listas elaboradas por la Cámara de Diputados, el Gobierno en junta de ministros y la Suprema Corte de Justicia.

Las sesiones del Congreso General se abrían el día 1º de enero, cerrando el 31 de marzo, y 1º de julio de cada año, cerrando al concluir los asuntos a los que exclusivamente se dedicaban.

En cuanto a la formación de las leyes, su iniciativa correspondía al Poder Ejecutivo y a lod diputados en todas las materias, a la Suprema Corte de Justicia en lo relativo a la administración de su ramo y a las Juntas Departamentales en materia de impuestos, educación pública, industria, comercio, administración municipal y modificaciones constitucionales.

Cuarta Ley Constitucional:

Esta se integra por 34 artículos sobre el Supremo Poder Ejecutivo, que se depositaba en el Presidente de la República por el término de ocho años con posibilidad de reelección. El cago de Presidente de la República era irrenunciable, salvo en el caso de reelección y con justas causas calificadas por el Congreso General. En caso de ausencia del Presidente, esta será suplida por el Presidente del Consejo de Gobierno, integrado por quince consejeros de los cuales dos eran eclesiásticos, dos militares y el resto civiles.

Se crean para el despacho de los asuntos de gobierno cuatro Ministerios: uno del *Interior*, otro de *Relaciones Exteriores*, otro de

Hacienda y otro de *Guerra y Marina*, cuyos Ministros eran de la exclusiva elección del Presidente de la República y mexicanos por nacimiento.

Quinta Ley Constitucional:

Esta trata en 51 artículos del Poder Judicial de la República Mexicana, que se ejercía por una Corte Suprema de Justicia compuesta por once Ministros y un Fiscal, los Tribunales Superiores de los Departamentos, los Tribunales de Hacienda y los Juzgados de primera instancia a cargo de jueces subalternos.

Se mantienen los fueros eclesiástico y militar.

Sexta Ley Constitucional:

En esta Ley Constitucional se establece la división del territorio de la República y el gobierno interior de sus pueblos. Se divide en 31 artículos en donde se fija que la República se dividiría en Departamentos, que a su véz se dividirían en Distritos y éstos en Partidos. El gobierno de los Departamentos estaba a cargo de los gobernadores sujetos al gobierno general, con duración de ocho años en su cargo, que trabajaba junto con una Junta Departamental compuesta por siete individuos. Al frente de cada cabecera de distrito había un prefecto nombrado por el gobernador y confirmado por el gobierno general, con duración en el cargo de cuatro años.

En cada cabecera de partido había un subprefecto, nombrado por el prefecto y aprobado por el gobernador.

En las capitales de los Departamentos había ayuntamientos electos popularmente en los lugares en donde los había en 1808, en los puertos cuya población fuera de cuatro mil almas o más y en los pueblos que tuvieren ocho mil.

Séptima Ley Constitucional:

Esta Ley integrada por seis artículos y ocho transitorios trataba de las variaciones a las Leyes Constitucionales, que no podrían llevarse a cabo en el término de seis años contados a partir de la publicación de la Constitución.

Con estas *Siete Leyes Constitucionales* los conservadores toman el poder y establecen el centralismo, restituyendo sus privilegios y bienes a los afectados por las reformas de 1833-1834. Si bien se creía que con el nuevo orden se acabarían los problemas atribuidos al sistema federal, no se pudo alcanzar la tan deseada estabilidad política, ocurriendo desgracias tales como la pérdida de Texas, el intento de separación de Yucatán en 1840 y las amenazas de intervención extranjera por la guerra con Francia o Guerra de los Pasteles en 1838.

El rechazo a las *Siete Leyes* de 1836 se hizo presente inmediatamente por parte de los federalistas. Recordemos que en 1841 nuevamente se desataron levantamientos y Bustamante fue derrocado por Santa Anna, quien después de una presidencia interina de Nicolás Bravo, se quedo encargado del ejecutivo a partir del 10 de octubre de 1841.

El levantamiento de Mariano Paredes y Arrillaga llevó a la firma de las Bases de Tacubaya que convocaba a un nuevo Congreso Constituyente, en donde triunfaron los liberales. Sostiene Noriega Elio, que en las elecciones para 1842, existía un entendimiento común, ya que todos concordaban en el tipo de personas que necesitaban para representarlos en el congreso: hombres honrados y verdaderamente liberales.[50]

Las sesiones iniciaron el 10 de junio de 1842, quedando compuesto el recinto parlamentario por 175 diputados, en su gran mayoría abogados, seguidos de militares, curas y en mucho menor medida literatos, médicos, propietarios, industriales, mineros y comerciantes.[51] Si bien, como señala Alejandro Mayagoitia, el Congreso de 1842 contrarió al ejército, al oponer a su papel el de las Milicias Cívicas,[52] atacándose también al gobierno y al clero.

Los ataques al ejército motivaron el desconocimiento del congreso por parte de las fuerzas armadas, mediante un pronunciamiento hecho en Huejotzingo el 11 de diciembre de 1842, que no recibió contestación alguna por el congreso. En los siguientes días se llevaron a cabo múltiples

---

50   NORIEGA ELIO, Cecilia, *El Constituyente de 1842,* México, UNAM, 1986, págs. 68-69.

51   *Ibidem,* pág. 84

52   MAYAGOITIA, Alejandro, "Apuntes sobre las Bases Orgánicas", Patricia, Galeana (Coord.), *México y sus constituciones,* México, Fondo de Cultura Económica, Archivo General de la Nación, 1999, pág. 153

adhesiones al levantamiento de Huejotzingo por parte de otras guarniciones.[53]

El 19 de diciembre de 1842 se decidió nombrar a una Junta de Notables que debían constituir a la nación. Al día siguiente "el prefecto de México, José María de Ycaza, disolvió la reunión de los diputados que se encontraban en casa de Eleuterio Méndez y con ello expiró el Congreso de 1842."[54] El Presidente Don Nicolás Bravo el día 23 de diciembre de 1842 designó de acuerdo con las *Bases de Tacubaya* a ochenta notables que habrían de elaborar las bases constitucionales integrados en una *Junta Nacional Legislativa*, de acuerdo a lo propuesto por el movimiento triunfante,[55] misma que sesionó por espacio de seis meses.

Las *Bases de organización política de la República Mexicana* fueron sancionadas por Santa Anna el 12 de junio de 1843 "entre juramentos, salvas de artillería, tedéum y demás ceremonias y pompas del caso"[56] y las publicó el día 14 del mismo mes.

---

53   NORIEGA ELIO, Cecilia, *El Constituyente*..., págs.105-107

54   MAYAGOITIA, Alejandro, "Apuntes..., pág. 153

55   Entre ellos Manuel Baranda, Sebastián Camacho, Urbano Fonseca, Mariano Paredes y Arrillaga, Andrés Quintana Roo, José Fernando Ramírez, Juan N. Rodríguez de San Miguel y Manuel de la Peña y Peña. *Idem.*

56 Ibidem, pá. 155
        Ibidem, pág. 155

Tanto la Junta de Notables como la posterior Junta Nacional, nacieron ilegítimas, ya que como sostiene Mayagoitia, el Congreso de 1842 existía fundado en una ley que le autorizaba a constituir al país, mientras que las juntas "nacieron gracias al designio de un gobierno que pensaba que era voluntad de la nación un arreglo de las cosas distinto del que proponía el Congreso."[57]

Estas *Bases* de 1843 estan divididas en once títulos y 202 artículos en donde se reiteran la independencia nacional, el centralismo, la división territorial, la intolerancia religiosa y se suprime al *Supremo Poder Conservador*.[58] Contienen un sistema desarrollado de garantías individuales, con un texto explícitamente contrario a la esclavitud. Estuvieron vigentes poco más de tres años, los más turbulentos de la historia de México que comprenderían la injusta Guerra con Estados Unidos y posterior pérdida de más de la mitad del territorio nacional.

Problema serio en la Constitución de 1843 lo constituye el tema de la representación. "Es claro que ninguno de los ideólogos anteriores, fuera centralista o federalista, o de los conservadores y liberales del momento pensaba que por pueblo debía entenderse la masa popular. Eran las clases

---

57   *Ibidem*, págs. 154-155

58   Véase *Bases Orgánicas de la República Mexicana, acordadas por la honorable Junta Legislativa Establecida conforme á los decretos de 19 y 23 de diciembre de 1842, y sancionadas por el Supremo Gobierno provisional con arreglo á los mismos decretos el dia 12 de junio del año de 1843*, México, Imprenta de J.M. Lara, 1843.

medias y altas las que se disputaban educar y guiar al pueblo."[59]

Finalmente, cabe destacar que las Bases de 1843 prácticamente no lograron aplicarse, dado a los problemas externos que enfrentó México y las tensiones derivadas de las ambiciones de los grupos locales. "El México que querían los hombres del conservadurismo no podía resucitarse; había muerto cuando termino el virreinato...".[60]

c)La Segunda República Federal: el restablecimiento de la *Constitución Federal de los Estados Unidos Mexicanos* de 5 de octubre de 1824 y el *Acta Constitutiva y de Reformas* de 21 de mayo de 1847.

El 4 de agosto de 1846 el Comandante General José Mariano Salas se pronunció en la Ciudadela contra el gobierno del presidente Paredes Arrillaga ocupando provisionalmente el poder José Mariano Salas, quien convocó a un nuevo Congreso y se designó a Santa Anna, ahora liberal, demócrata y reformista, para ocupar la presidencia, quedando como vicepresidente Gómez Farías. El 22 de agosto de 1846 Salas expidió un decreto mediante el cual restablecía la Constitución Federal de 1824, la cual estaría vigente en todo lo que no se opusiera al *Plan de la Ciudadela* de 4 de

---

59   MAYAGOITIA, Alejandro, "Apuntes..., pág. 160. Se debe tener presente, como señala Mayagoitia, que los miembros de las Juntas nacieron bajo el dominio español, por lo que no tuvieron otro ejemplo real para lograr el orden y la tranquilidad que el de la administración virreinal, de carácter centralista

60 *Ibidem*, pág.187

agosto. En el decreto cesan a las asambleas departamentales y al Consejo de Gobierno. Los gobernadores continuarían en sus funciones pero titulándose "de los estados.?[61]

El 6 de diciembre de 1846 inició sus sesiones el Congreso Ordinario y a la vez Constituyente. Se formó la Comisión de Constitución integrada por Espinosa de los Monteros, Rejón, Mariano Otero, Cardoso y Zubieta. Sin embargo, el 15 de febrero de 1847 ante la cercanía de las tropas estadounidenses de la capital 38 diputados encabezados por Muñoz Ledo propuesieron la vigencia lisa y llana de la Constitución de 1824, esta opción fue adoptada por la mayoría de la Comisión de Constitución, salvo por Mariano Otero que presentó su voto particular en donde proponía la observancia de un Acta de Reformas, misma que fue discutida en sesión del día 22 de abril de 1847, jurada el 21 de mayo y publicada el 22 del mismo mes con algunas modificaciones. Tiempo después, las tropas invasoras ocupaban ya la Plaza de la Constitución y el gobierno fue asumido por Don Manuel de la Peña y Peña, quien lo ejerció en Toluca y luego en Querétaro, en donde el Congreso volvió a reunirse el 30 de abril de 1848 para la ratificación del infortunado tratado de Guadalupe-Hidalgo. Cabe mencionar que entre los diputados constituyentes se encontraban Valentín Gómez Farías, José Joaquín Herrera, José Bautista Ceballos, Ignacio Comonfort y Benito Juárez.[62]

---

61   Su texto en José M. GAMBOA, *Leyes constitucionales...*, págs. 482-483.

62   Véase Manuel GONZÁLEZ OROPEZA, "Introducción", en *La reforma del Estado Federal. Acta de reformas de 1847*. Estudio introductorio y compilación de MANUEL GONZÁLEZ OROPEZA, Instituto de Investigaciones Jurídicas, UNAM, México, 1998, pág. 9.

El *Acta Constitutiva y de Reformas* de 21 de mayo de 1847 contiene, entre otras, en 30 artículos las siguientes disposiciones y reformas:

1. Es ciudadano todo mexicano por nacimiento o naturalización, que haya llegado a la edad de veinte años, con modo honetsto de vivir y que no haya sido condenado en proceso legal a alguna pena infamante.

2. Se establece el derecho de los ciudadanos a votar en las elecciones populares, ejercer el derecho de petición, reunirse para discutir los negocios públicos y pertenecer a la Guardia Nacional.

3. Para asegurar los derechos del hombre, reconocidos por la Constitución, una ley habría de fijar las garantías de libertad, seguridad, propiedad e igualdad de que gozan todos los habitantes de la República, así como establecerá los medios de hacerlas efectivas.

4. Se crea el estado de Guerrero compuesto por los distritos de Acapulco, Taxco, y Tlapa, junto con la municipalidad de Coyucan.

5. Se eligirá un diputado al Congreso General por cada cincuenta mil almas o por una fracción que pase de veinticincomil.

6. El Senado se renovaría por tercios cada dos años.

7. Para ser senador se requiere además de los requisitos propios para ser diputado, el haber sido Presidente o Vicepresidente constitucional de la República, Secretario de Despacho, Gobernador de estado, individuo de las Cámaras, enviado diplomático, Ministro de la

Suprema Corte de Justicia, Juez o Magistrado, Jefe Superior de Hacienda o General efectivo.

8. Desaparece el cargo de Vicepresidente de la República.

9. Se establece que los Poderes de la Unión derivan todos de la Constitución y se limitan en su ejercicio a las facultades expresamente designadas en ella.

10. Toda ley de los estados que ataque la Constitución, será delarada nula por el Congreso General, iniciando la declaación en la Cámara de Senadores.

11. Lo que habría de ser la mayor aportación de Don Mariano Otero: la consagración del Juicio de Amparo.[63] El artículo 25 del *Acta* establecía que: "Los Tribunales de la Federación ampararán á cualquiera habitante de la República en el ejercicio y conservación de los derechos que le concedan esta Constitución y las leyes constitucionales, contra todo ataque de los Poderes Legislativo y Ejecutivo, ya de la Federación, ya de los Estados; limitándose dichos tribunales á impartir su protección en el caso particular sobre que verse el proceso, sin hacer ninguna declaración general respecto de la ley ó del acto que lo motivare". Finalmente, con el Amparo se lograba un medio de defensa efectivo de las garantías individuales.

d)Régimen centralista: la dictadura de Santa Anna y las *Bases para*

---

63   Véase FOX ZAMUDIO, Héctor, "Acta Constitutiva y de Reformas, 1847. Marco jurídico", Patricia, GALEANA (Coord.), *México y sus constituciones,* México, Fondo de Cultura Económica, Archivo General de la Nación, 1999, págs. 233-240.

la administración de la República hasta la promulgación de la Constitución de 22 de abril de 1853.

Recordemos que el Congreso eligió como presidente a José Joaquín Herrera para el período de 1848 a 1852 y en 1850 los partidos iniciaron los preparativos para las elecciones presidenciales quedando electo Mariano Arista como presidente en 1851 y en enero de 1852 Herrera le entregó el gobierno de manera pacífica.

A mediados de 1852 estalló una revuelta en Guadalajara contra su gobernador y se pedía la Constitución de 1824. Los levantados desconocen al presidente Arista y lo obligan a renunciar en 1853. En su lugar asume el poder quien fuera presidente de la Suprema Corte, Juan Bautista Ceballos. Este disolvió el Congreso y rechazó el *Plan de Arroyo Zarco* presentado por los militares Manuel López Pezuela, ministro de guerra de Arista y el rebelde José López Uraga, que planteaba la permanencia de Bautista en el poder hasta la celebración de nuevas elecciones, con las que se buscaba el retorno de Santa Anna. Ceballos termina renunciando y regresó a la Suprema Corte de Justicia. Manuel María Lombardini quedó en su lugar hasta la celebración de las elecciones en virtud de las cuales regresa nuevamente y por última vez Santa Anna, ahora conservador y monárquico, al poder y nombra a Lucas Alamán jefe de su gabinete y Ministro de Relaciones Exteriores hasta que fallece el 2 de junio de 1853 sucediéndole en el cargo Manuel Díaz Bonilla.

Durante la dictadura de Santa Anna se expiden para su organización las *Bases para la administración de la República hasta la promulgación de la Constitución* de 22 de abril de 1853, las cuales etablecían entre otros puntos:

1. La creación de cinco Secretarías de Estado: De Relaciones Exteriores, de Relaciones Interiores, Justicia, Negocios Eclesiásticos e Instrucción Pública, de Fomento, Colonización, Industria y Comercio, de Guerra y Marina y de Hacienda.

2. La obligación de formular un presupuesto exacto de los gastos de la Nación, que sería examinado en la Junta de Ministros.

3. El nombramiento de un procurador general de la Nación para atender los negocios contenciosos que versen sobre los intereses de la Nación.

4. La necesidad de contar con un código civil, criminal, mercantil y de procedimientos.

5. El establecimiento de un Consejo de Estado compuesto por 21 individuos y dividido en cinco secciones correspondientes a cada una de las Secretarias de Estado.

6. El receso de todas las legislaturas estatales para facilitar la reorganización de todos los ramos de la administración pública.

7. La necesidad de formar un reglamento para la manera en que los gobernadores habrían de ejercer sus funciones hasta la publicación de una nueva Constitución.

Santa Anna resolvió impulsar el establecimiento de la monarquía en México, comisionando a Gutiérrez de Estrada y a José María Hidalgo para la presentación del plan, el cual no pudo llevarse a buen fin. Sin embargo, como hemos visto poco a poco Santa Anna fue extinguiendo el sistema federal al decretar el receso de las legislaturas estatales, reglamentar las funciones de los gobernadores, centralizar las rentas públicas y eliminar la denominación de "Estados".

IV. La Constitución de 1857 y el Estatuto Orgánico Provisional de 1858.

El 1° de marzo de 1854 un grupo de opositores a Santa Anna comandados por Ignacio Comonfort y Florencio Villarreal proclamaron el *Plan de Ayutla*, que pedía su destitución, el nombramiento de un presidente provisional y un nuevo Congreso Constituyente.[64] El Plan fue modificado posteriormente por el *Plan de Acapulco*. El 9 de agosto Santa Anna salió de la ciudad de México y días después en Perote redactó su renuncia a la presidencia. Finalmente, Juan Alvarez quedó como presidente interino el 4 de octubre de 1855 y el gobierno residió en la ciudad de Cuernavaca donde formó su gabinete y designó a Comonfort ministro de Guerra, a Ponciano Arriaga en Fomento, Melchor Ocampo en Relaciones y Benito Juárez en Justicia y Asuntos Eclesiásticos.

Alvarez decidió renunciar por problemas de salud y Comonfort pasó

---

64   Ricardo GARCÍA GRANADOS, *La Constitución de 1857 y las Leyes de Reforma en México. Estudio histórico-sociológico.* Tipografía Económica, México, 1906, págs. 9-10.

a ocupar su lugar el 11 de diciembre de 1855. Al año siguiente su gobierno empezó a expedir una serie de leyes reformistas entre las que destaca la Ley Lerdo de desmortización de bienes del clero y supresión de la propiedad comunal. Durante el gobierno de Comonfort se vivieron constantes luchas internas como en Puebla y San Luis Potosí bajo el grito de "religión y fueros". Al proclamarse la Constitución de 1857 las protestas serían aún mayores.

En Presidente Ignacio Comonfor expidió el 15 de mayo de 1856 el *Estatuto Orgánico Provisional de la República Mexicana,* que estuvo vigente hasta la Constitución de 1857 con gran oposición por parte de algunos gobernadores que lo consideraban de tendencias centralistas.

El *Estatuto*, dividido en nueve secciones y 125 artículos se basaba en la Constitución de 1824 y en las Bases Orgánicas de 1843, ratificaba la independencia nacional, señalaba las obligaciones de los habitantes de la República, señalaba quienes tenían el carácter de Méxicanos, de ciudadanos y establecía una sección dedicada a las garantías individuales de libertad, seguridad, propiedad e igualdad. Cabe destacar que no hace señalamiento alguno n cuanto a la forma de gobierno. Este *Estatuto* se recibió en el Congreso el 26 de mayo y días después se pidió su desaprobación y el 17 de julio se nombró una comisión encargada de su revisión, sin que ésta produjera dictámen alguno.[65]

---

65   Emilo O. RABASA, *Historia...*, pág. 65

El 16 de octubre de 1855 y bajo la Presidencia de Juan Alvarez se había expedido la convocatoria al Congreso Constituyente.[66] El Congreso se reunió en la Ciudad de México el 17 de febrero de 1856 y el 18 se llevó a cabo la apertura de sus sesiones.[67] Se nombraron para la Comisión de Constitución a los señores Arriaga, Mariano Yáñez, Isidoro Olvera, José M. Romero Díaz, Joaquín Cardoso, León Guzmán y Pedro Escudero y Echánove, siendo suplentes José M. Mata y José M. Cortés Esparza. La comisión presentó su dictámen y el Proyecto de Constitución el 16 de junio de 1856, cuya discusión en lo general se inició el 4 de julio, declarándose suficientemente discutido el día 8 para pasar al día siguiente a la discusión de los artículos en particular.

Temas fundamentales de la discusión del Proyecto fueron los referentes a si debía expedirse una nueva constitución o restablecer la de 1824 y el de la libertad religiosa. El primer tema se resolvió en la importante sesión de 4 de septiembre de 1856 en donde se votó a favor del proyecto de restaurar la Constitución de 1824 por cincuenta y cuatro votos a favor contra cincuenta y uno en contra.[68] Sin embargo, el presidente en turno del Congreso Mariano Arizcorreta y autor del proyecto en cuestión ante el hecho de que la Comisión de Constitución estaba en contra del

---

66   Véase Francisco ZARCO, *Historia del congreso extraordinario constituyente de 1856 y 1857.* Imprenta de Ignacio Cumplido, México, 1857, tomo 1, págs. 19-29.

67   Ricardo GARCÍA GRANADOS, *La Constitución...*, pág. 22

68   Francisco ZARCO, *Historia...*, tomo 2, pág. 283

proyecto había propuesto nombrar a una comisión especial para que resolviera el tema y ante las protestas de que ya existía una comisión de constitución ordenó se pasara el proyecto a la "comisión respectiva": ¡que era justamente la de Constitución, opuesta al proyecto¡.[69]   Con ello prevalece la Constitución de 1857 sobre el restablecimiento de la de 1824.

El 5 de febrero de 1857 se juró la *Constitución Federal de los Estados Unidos Mexicanos* de 1857, primero por el Congreso y después por Comonfort, el día 17 se clausuraron las sesiones del Congreso y el 11 de marzo se promulgó el texto constitucional.[70]   Grandes figuras del Constituyente de 1857 fueron Ponciano Arriaga, José María Mata, Francisco Zarco, León Guzmán, Ignacio Ramírez, Guillermo Prieto, Joaquín Ruiz, Santos Degollado e Isidoro Olvera, Ignacio Mariscal, Dublán, Ignacio Vallarta, Vicente Riva Palacio, Pedró Ogazón, Justino Fernández, Pedro Baranda, Miguel Auza, Francisco Gómez del Palacio, Bernardo Couto, Félix Romero, Basilio Pérez Gallardo, José María del Castillo Velasco, etc.[71]

En cuanto a los pensadores políticos que fueron leídos y citados por los constituyentes destacan según Emilio O. Rabasa Platón, Sócrates, Cicerón, César, Víctor Hugo, fray Luis de León, Hobbes, Locke, Rousseau,

---

69   *Idem,* tomo 2, pág. 285

70   Felipe TENA RAMÍREZ, *Leyes fundamentales...,* pág. 605

71   Véase Daniel COSÍO VILLEGAS, *La Constitución de 1857 y sus críticos.* SepSetentas, Diana, México, 1980, págs. 77-79

Montesquieu, Jeremías Bentham, Lamartine, Benjamín Constant, Tomás Jefferson, Tocqueville, Miguel Ramos Arizpe, Manuel Crescencio Rejón, y José María Luis Mora, lo que lleva a afirmar al mencionado autor que el Constituyente de 1857 fue un Constituyente ilustrado.[72]

La Constitución de 1857 estaba formada por 8 títulos y 128 artículos más uno transitorio.[73]

El *Título I* esta dedicado a los derechos del hombre, los mexicanos, los extranjeros y los ciudadanos mexicanos. Destaca el reconocimiento en 29 artículos a los derechos del hombre como la base y el objeto de las instituciones sociales. Declara igualmente que en la República todos nacen libres y los esclavos que pisen el territorio nacional por ese hecho recobran su libertad y tienen derecho a la protección de las leyes. Consagra las garantías de libertad de trabajo, enseñanza, expresión de las ideas, imprenta, petición, asociación, tránsito, posesión y portación de armas para seguridad y defensa legítima del individuo. Se declara que en la República no se reconocen los títulos de nobleza, prerrogativas u honores hereditarios, se establece que nadie puede ser juzgado por leyes privativas o tribunales especiales, la irretroactividad de la ley, la imposibilidad de celebrar tratados para la extradición de reos políticos o delincuentes del orden común que hayan tenido en el país en donde cometieren el delito la condición de

---

72   Emilo O. RABASA, *Historia...*, págs. 67-68

73   Su texto en Felipe TENA RAMÍREZ, *Leyes fundamentales...*, págs. 606-629.

esclavos.

También se establece que nadie puede ser molestado en su persona, familia, domicilio, papeles y posesiones sino en virtud de mandamiento escrito de la autoridad competente, que funde y motive la causa legal del procedimiento. Nadie puede ser preso por deudas de carácter civil y solo podrá hacerlo por delito que merezca pena corporal. Se establecen las garantías del acusado en los juicios criminales y la prohibición de las penas de azotes, mutilación, infamia, marca, palos, el tormento, la multa excesiva, la confiscación de bienes y las penas inusitadas o trascendentales.

Se abolió la pena de muerte para los delitos políticos, no pudiendo extenderse a otros casos más que al traidor a la patria en guerra extranjera, al salteador de caminos, al incendiario, al parricida, al homicida con alevosía, premeditación o ventaja, a los delitos graves del órden militar y a los de piratería. Se estableció también que ningún juicio criminal podía tener más de tres instancias y que nade puede ser juzgado dos veces por el mismo delito.

Se establece la inviolabilidad de la correspondencia y la imposibilidad de ocupar la propiedad de las personas sin su consentimiento salvo por causa de utilidad pública y previa indemnización. Se prohiben los monopolios y los estancos, excepto los de acuñación de moneda, correos, y privilegios concedidos por tiempo determinado a inventores perfeccionadores de alguna mejora.

Las garantías pueden ser suspendidas por tiempo limitado solo en caso de invasión, perturbación grave de la paz pública u otra situación que ponga en grave peligor a la sociedad. La suspensión debe hacerse por medio de prevenciones generales y sin contraerse a un solo individuo. Este título fue adicionado en 1873.

El *Título II* trata de la soberanía nacional, forma de gobierno, partes integrantes de la federación y del territorio nacional. Destaca la declaración en el artículo 39 que la soberanía nacional reside esencial y originariamente en el pueblo, ejercida a través de los Poderes de la Unión, así como el que todo poder público dimana del pueblo y se instituye para su beneficio, el cual cuenta con el inalienable derecho de alterar o modificar la forma de su gobierno.

Por forma de gobierno se adopta la de República, representativa, democrática, federal, compuesta por estados libres y soberanos en todo lo concerniente a su régimen interior, pero unidos en una federación.

Se estableció que las partes integrantes de la Federación eran los estados de Aguascalientes, Colima, Chiapas, Chihuahua, Durango, Guanajuato, Guerrero, Jalisco, México, Michoacán, Nuevo León y Coahuila, Oaxaca, Puebla, Queretao, San Luis Potosí, Sinaloa, Sonora, Tabasco, Tamaulipas, Tlaxcala, Valle de México, Veracruz, Yucatán, Zacatecas y territorio de la Baja California.

El *Título III* trata de la división de poderes en Poder Ejecutivo,

Poder Legislativo y Poder Judicial. El Legislativo quedó depositado en una asamblea denominada Congreso de la Unión, compuesto por representantes electos en su totalidad cada dos años por los ciudadanos mexicanos. Con ello desaparece la Cámara de Senadores, misma que no será restablecida sino hasta el 13 de noviembre de 1874 mediante reforma al artículo 57.[74] Se debía elegir por elección indirecta en primer grado y en escrutinio secreto un diputado por cada cuarenta mil habitantes o por cada fracción que pase de veinte mil, nombrándose un suplente por cada uno. Sostiene Francois-Xavier Guerra que los constituyentes de 1857 obraron teniendo como idea de fondo la identificación del legislativo con el pueblo y del ejecutivo con la tiranía, de ahí la creación de una asamblea única, sin el freno del Senado.[75]

La iniciativa para la formación de las leyes compete al Presidente de la Unión, a los Diputados al Congreso Federal y a las Legislaturas de los estados. Se establecen las facultades del Congreso, las atribuciones de los diputados y la Diputación Permanente que actuaría durante los recesos del Congreso de la Unión.

En cuanto al Poder Ejecutivo, éste se deposita par en un solo individuo denominado Presidente de los Estados Unidos Mexicanos, cuya elección debía ser indirecta en primer grado y en escrutinio secreto. Se fijan

---

74   Emilo O. RABASA, *Historia...,* pág. 77, nota 129. Sobre este hecho véase Departamento del Distrito Federal, *Centenario de la Restauración del Senado 1874-1974.* Talleres Gráficos de la Nación, México, 1974

75   GUERRA, Francois-Xavier, *México: del Antíguo Régimen a la Revolución,* Trad. Sergio Fernández Bravo, 2a ed., México, Fondo de Cultura Económica, 1992, tomo I, pág. 51.

los requisitos para ser Presidente y las facultades y prerrogativas el mismo, se establece también que para el despacho de los negocios del órden administrativo de la Federación, habrían el número de Secretarios que determine el Congreso de la Unión.

En lo que se refiere al Poder Judicial de la Federación este se deposita en una Corte Suprema de Justicia compuesta por once Ministros propietarios, cuatro supernumerarios, un Fiscal y un Procurador General, y en los Tribunales de Distrito y de Circuito. Cada uno de los individuos de la Suprema Corte de Justicia duraría en su encargo seis años y su elección sera indirecta en primer grado. Se fijan los requisitos para ser Ministro de la Suprema Corte así como los asuntos que corresponde conocer a los Tribunales de la Federación y de la Suprema Corte. El Amparo se trata en los artículos 101 y 102.

El *Título IV* trata de la responsabilidad de los funcionarios públicos, siendo responsables por los delitos comúnes y faltas u omisiones que cometieren o incurrieren durante su encargo los diputados al Congreso de la Unión, los miembros de la Suprema Corte de Justicia y los Secretarios del Despacho. Se fija igualmente el procedimiento a seguir en los casos de delitos del órden común, así como de los oficiales.

El *Título V* trata de los estados de la Federación, que para su régimen interior han de adoptar la forma de gobierno republicano, representativo popular. Se establecen sus limitaciones y facultades, así como la obligación por parte de la Unión de proteger a los mismos contra toda invasión o violencia exterior. En caso de sublevación o trastorno interior, la Unión intervendrá a solicitud de la legislatura estatal o si no estuviere reunida, por el Ejecutivo.

El *Título VI* contiene las prevenciones generales en donde se establece que las facultades que no estuvieren expresamente concedidas por la Constitución a los funcionarios federales se entenderán reservadas a los estados. Igualmente se estableció la obligación de todo funcionario de jurar guardar la Constitución y las leyes de ella emanadas antes de tomar posesión de su encargo.

El artículo 126 estableció el principio de la supremacía constitucional al dictar que "Esta Constitución, las leyes del Congreso de la Union que emanen de ella y todos los tratados hechos ó que se hicieren por el Presidente de la República con aprobación del Congreso, serán ley suprema de toda la Union."

El *Título VII* trata de las reformas a la Constitución, la cual podía serlo mediante el voto de las dos terceras partes de los individuos presentes en el Congreso de la Unión acordando la refoma o adición, además de la aprobación de la mayoría de las legislaturas estatales.

El *Título VIII* establece la inviolabilidad de la Constitución en su artículo 128, la cual "no perderá su fuerza y vigor, aun cuando por alguna rebelion se interrumpa su observancia. En caso de que por un trastorno público se establezca un gobierno contrario á los principios que ella sanciona, tan luego como el pueblo recobre su libertad, se restablecerá su observancia, y, con arreglo á ella y á las leyes que en su virtud se hubieren espedido, serán juzgados, así los que hubieren figurado en el gobierno emanado de la rebelión, como los que hubieren cooperado á esta."

La Constitución tuvo importantes reformas en lo que se refiere a la Iglesia en México, mediante la incorporación que se hizo de los principios de las Leyes de Reforma al texto constitucional con el decreto de 25 de septiembre de 1873 por el que se declaró entre otros puntos que el matrimonio es un contrato civil y que la ley no reconocía las órdenes monásticas, ni podía permitir su establecimiento, así como la independencia entre la Iglesia y el Estado. Mediante decreto de 6 de noviembre de 1874 se reinstaló la Cámara de Senadores, modificándose el título tercero de la Constitución. Otras reformas se hicieron en materia de supresión de alcabalas, reelección de presidente y gobernadores, premios y recompensas, facultades del Congreso, integración de la Suprema Corte de Justicia y otros temas.[76]

La Constitución de 1857 estuvo vigente hasta la aprobación el 5 de febrero de 1917 de la actual Constitución. La de 1857 sufrió diversas reformas y se enfentó en su aplicación con la Guerra de los Tres Años, el Segundo Imperio y el régimen porfirista.

---

76   Véase la *Constitución Federal de los Estados Unidos Mexicanos,* sancionada y jurada por el Congreso General Constituyente el día 5 de febrero de 1857, adicionada por el 7° Congreso Constitucional el 25 de septiembre y 4 de octubre de 1873 y el 6 de noviembre de 1874, juntamente con las Leyes Orgánicas expedidas hasta hoy. Imprenta del Gobierno, en Palacio, México, 1883, págs. 47-79

En 1857 la elección presidencial favoreció a Comonfort y quedó Benito Juárez en la vicepresidencia. El 17 de diciembre se presentó el *Plan de Tacubaya* que abolía la Constitución de 1857 pero dejaba a Comonfort en el poder. Juárez y algunos diputados fueron encarcelados y Comonfort terminó uniéndose al Plan, así como algunos estados de la República. El 11 de enero de 1858 nuevos levantamientos nombraron como jefe a Zuloaga y desconocieron a Comonfort, quien ante los acontecimientos regresó al lado liberal y dejó en libertad a Juárez. Después de unos días de lucha, Comonfort entregó el mando y se embarcó a Estados Unidos.

Por su parte, Juárez se dirigió a Guanajuato y el 19 de enero de 1858 declaró establecido ahí su gobierno y organizó su gabinete. Juárez publicó un manifiesto por el que restableció el gobierno constitucional y dio inicio a la Guerra de Reforma.

El 28 de enero el general Zuloaga expidió el *Manifiesto del Gobierno Supremo de la República, á los Mexicanos*[77]. en el que vinculaba el movimiento iniciado con el Plan de Tacubaya a la consumación de la independencia en 1821. Efectivamente, Zuloaga señala en su manifiesto que "Una de estas crísis terribles que Dios permite, sin duda para instruccion de

---

77   *Manifiesto del Gobierno Supremo de la República, á los Mexicanos de 28 de enero de 1858*, en ARRILLAGA, Basilio José, *Recopilación de leyes, decretos, bandos, reglamentos, circulares y providencias de los supremos poderes y otras autoridades de la República Mexicana*, México, Imprenta de A. Boix, á cargo de M. Zornoza, 1864.

los pueblos y de los gobiernos, amenaza á un tiempo la unidad y la vida de la República y los principios de su civilizacion....En circunstancias tan dolorosas, y obtenido un triunfo que se ha consagrado á la causa gloriosa de 1821, y que no se ha manchado con ningun esceso ni con ningun ódio, el Gobierno que acaba de establecerse no debe buscar otro apoyo ni proclamar otros nombres, que la Religion, la Union y la Independencia."

Las razones del movimiento son, conforme al manifiesto:

1. Los ataques la Iglesia
2. El desconocimiento de nuestras costumbres
3. La sanción a las máximas mas disolventes
4. El peligro en que se pone a la propiedad, la familia y todos los lazos sociales

Lo anterior llevó a la desaparición de la Constitución de 1857 "por el mismo desacuerdo por la misma discordia entre las autoridades establecidas."

Zuloaga hace referencia a la legitimidad de su gobierno al señalar que :"El partido de la Constitucion, que ha encendido todos los ódios y que favorece la dictadura mas ilimitada y la anarquía mas peligrosa, va á preguntar al Gobierno con qué derecho se á establecido y cuál es su representación legal. El Gobierno, que no quiere presentarse ante la Nacion sino bajo la forma sencilla del desinterés de la verdad, responderá desde luego que su derecho es el de la propia conservación, y que su representacion será la que la República, que tiene la obligacion de salvarse á sí misma, quiera darle. Podrá ser una administracion nacional, ó solo el gobierno de algunos Departamentos. Pero mientras la República no pronuncie su fallo, mientras no se declare por alguna de las banderas que han levantado las facciones, que no son ciertamente órgano de su voluntad, el Gobierno debe creer y proclamar tambien que el programa de las garantías es el único que quieren los pueblos, el único que puede servir de cimiento á una sabia constitución y á una acertada organización política. El Gobierno opondrá á un plan que todo lo destruye, otro que lo conserva todo; y preguntará á su vez si lo que se llama progreso y reforma, que ha empapado á nuestro suelo en sangre y en lágrimas, debe prevalecer sobre los sentimientos que ha manifestado siempre la Nacion bajo el estandarte de la independencia. Si los caudillos que se sacrificaron por ésta, hubieran podido imaginar siquiera que se buscaria alguna vez la grandeza de México en la persecucion á la Iglesia y en la discordia erigida en sistema, ó habrian desistido de su noble propósito, ó habrían bajado al sepulcro llenos de amargura y de funestos presentimientos."

El objetivo de la enorme tarea legislativa del gobierno de Zuloaga se explica por él mismo: "...tranquilizar la conciencia pública y restablecer la armonía entre las potestades civil y eclesiástica." Se pretende presentar al Gobierno como una administración compuesta de hijos fieles de la Iglesia Católica. Otro de los objetivos será el precaver la administración de justicia y organizar los ramos del Gobierno. Sostiene Zuloaga: "Cuando se hace callar la razon, los hechos hablan, y cuando se destruyen todos los intereses y se conculcan todos los sistemas y todos los principios, hay dos cosas que permanecen en pié y que nos juzgan á todos: la verdad y la justicia."

Critica la situación imperante en donde los Estados fronterizos están invadidos por los bárbaros, los caminos públicos cubiertos de malhechores, la hacienda aniquilada enteramente, y la administración reducida al simple cambio de personas, y combatida por hombres que buscan en ella los medios de hacer fortuna o de propio engrandecimiento.

Anunciaba Zuloaga la instalación de un Consejo de representantes, y el deber de expedir a la brevedad posible una ley orgánica que haga posible algún orden legal y prepare la reunión de un Congreso para que constituya definitivamente al país.

Invitó a los mexicanos a decidir: la Constitución de 1857destrozada por ella misma; los poderes que creó disueltos, y un Gobierno establecido en la ciudad de Guanajuato, que quiere que ese código prevalezca sobre la Religión, sobre la unión y sobre todos los principios e intereses que se han sublevado contra él, o bien el Gobierno que él representa, creado a consecuencia del movimiento de la ciudad capital, favorecido ya por varios Departamentos, con las promesas que hace y con el programa político que ha manifestado.

Tal como lo anuncia en su Manifiesto, se dio inicio a la expedición de una serie de disposiciones que dieron marcha atrás a las *Leyes de Reforma* y buscaron organizar a la República.[78] Ese mismo día se restablecieron los

---

78   Una lista de las principales disposiciones legislativas del gobierno conservador de 1858 a 1860 se puede consultar en Soberanes Fernández, José Luís, *op. cit.*, págs. 241-260. Un ejercicio

fueros eclesiástico y militar[79] conforme existían al día 1 de enero de 1853.

Para Alfonso Noriega, los conservadores triunfantes no acertaron en su Manifiesto a expresar de una manera adecuada los ideales de su partido, la justificación de los decretos derogatorios y, mucho menos, los puntos esenciales de la nueva política de la nueva política que pensaban establecer en México.[80]

Cabe destacar que el Gobierno de Juárez declaró y circuló a los jueces de distrito, de circuito y a los tribunales de justicia estatales que todos los actos del de Zuloaga como esencialmente nulos al emanar de un jefe revolucionario, previniendo a las autoridades constitucionales no obedecer en ningún caso las providencias que dictare Zuloaga.[81]

En la misma fecha se decretó por Félix Zuloaga que todos los

---

similar respecto a la legislación liberal en CABALLERO JUÁREZ, José Antonio, "Juárez y la legislación liberal", en Galeana, Patricia y Valencia Carmona, Salvador, *Juárez Jurista*, México, Instituto de Investigaciones Jurídicas, UNAM, 2007

79   *Decreto por la Secretaría de Justicia del 28 de enero de 1858, Restableciendo los fueros eclesiástico y militar,* en ARRILLAGA, Basilio José, *Recopilación de leyes, decretos, bandos, reglamentos, circulares y providencias de los supremos poderes y otras autoridades de la República Mexicana,* México, Imprenta de A. Boix, á cargo de M. Zornoza, 1864, págs. 27-28.

80   NORIEGA, Alfonso, *op. cit.,* pág. 428

81   Véase *Circular del Ministerio de Justicia declarando nulos los actos del llamado Gobierno de Zuloaga,* en Tamayo, Jorge L., *Benito Juárez. Documentos, discursos y correspondencia,* México, Secretaría del patrimonio   nacional,   1971,   tomo   2,   págs.   295-296.

funcionarios y empleados públicos que solamente por no haber jurado la Constitución de 1857 habían sido separados de sus destinos, sin otra causa legalmente probada y sentenciada, volvieran al ejercicio de sus respectivas funciones.[82]

En esa misma fecha, Zuloaga dio marcha atrás a una de las leyes de reforma de mayor trascendencia:[83] la *Ley de desamortización de Fincas Rústicas y Urbanas de las Corporaciones Civiles y Religiosas* del 25 de junio de 1856 y su *Reglamento* del 30 de julio de 1856.[84] Mediante estos ordenamientos se había dispuesto, entre otros puntos:

a) Que todas las fincas rústicas y urbanas administradas, propiedad de

---

82   *Decreto por la Secretaria de Gobernación de 28 de enero de 1858. Empleados. Vuelvan á sus destinos aquellos que fueron separados por solo haberse negado á jurar la Constitucion de 1857*, en Arrillaga, Basilio José, *Recopilación de leyes, decretos, bandos, reglamentos, circulares y providencias de los supremos poderes y otras autoridades de la República Mexicana*, México, Imprenta de A. Boix, á cargo de M. ZORNOZA, 1864, pág. 27.

83   La amplísima legislación expedida antes del Plan de Tacubaya y las disposiciones posteriores conocidas todas como *Leyes de Reforma* pueden consultarse en: *Código de la Reforma o Colección de Leyes, decretos y supremas ordenes expedidas desde 1856 hasta 1861*, México, Imprenta Literaria, 1861; *Colección de las leyes, decretos, circulares y providencias relativas á la desamortización eclesiástica, á la nacionalización de los bienes de corporaciones, y á la Reforma de la legislación civil que tenía relación con el culto y con la Iglesia*, México, Edición de La Independencia, Imp. de J. Abadiano, 1861; y LABASTIDA, Luis G., *Colección de leyes, decretos, reglamentos, circulares, órdenes y acuerdos relativos a la desamortización de los bienes de corporaciones civiles y religiosas y a la nacionalizacion de los que administraron las últimas*, Tipografía de la Oficina Impresora de Estampillas, México, 1893;

84   Su texto en LABASTIDA, Luis G., *Colección de leyes, decretos, reglamentos, circulares, órdenes y acuerdos relativos a la desamortización de los bienes de corporaciones civiles y religiosas y a la nacionalizacion de los que administraron las últimas*, Tipografía de la Oficina Impresora de Estampillas, México, 1893, págs. 3-6 y 9-13.

las corporaciones civiles o eclesiásticas[85] o ambas, se adjudicarían en propiedad a los que las tienen arrendadas, por el valor correspondiente a la renta que en ese momento pagaban, calculada como rédito a 6% mensual. La misma adjudicación se haría a aquellos que tenían las mencionadas fincas rústicas o urbanas a censo enfitéutico, capitalizando a 6% el canon pagado para determinar su valor.

b) Las fincas que al momento de la publicación de la ley no estuvieren arrendadas se adjudicarían al mejor postor, en almoneda celebrada ante la primera autoridad política del Partido.

c) Quedaban exceptuados de la enajenación los edificios destinados inmediata y directamente al servicio u objeto del instituto de las corporaciones, aun cuando estuviera arrendada alguna parte no separada de ellos, como los conventos. Se exceptuaba también una casa que esté unida a los edificios y sea habitada por razón de oficio por los que sirven al objeto de la institución, como las casas de párrocos y capellanes de religiosas.

d) Las adjudicaciones y remates debían hacerse dentro de los tres meses siguientes contados a partir de la publicación de la ley.

Mediante circular del 7 de julio de 1856 se excitó a las corporaciones para que procurasen la ejecución efectiva de esta ley.

---

85 Entendiéndose por tales, de acuerdo con el art. 3o. de la ley, las comunidades religiosas de ambos sexos, cofradías, archicofradías, congregaciones, hermandades, parroquias, ayuntamientos, colegios y en general todo establecimiento o fundación que tenga el carácter de duración perpetua o indefinida.

Mediante decreto, se declararon nulas las disposiciones citadas y, en consecuencia, igualmente nulas y de ningún valor las enajenaciones de los bienes que se hubieren hecho en ejecución de la citada ley y reglamento, quedando las mencionadas corporaciones "en el pleno dominio y posesión" de dichos bienes, como lo estaban antes de la expedición de la ley.[86] Le correspondía entonces al Consejo de Gobierno consultar todas las disposiciones que estimase necesarias, relativas a la devolución de las alcabalas, enajenaciones de bienes pertenecientes a las corporaciones civiles, determinaciones generales acerca de arrendamientos, y demás puntos conexos.

El 1 de marzo siguiente Zuloaga expidió el *Reglamento de la ley de 28 de enero de 1858, en la parte relativa a enagenaciones de bienes raices pertenecientes á corporaciones eclesiásticas.*[87]

Las disposiciones de Zuloaga multiplicaron los problemas para los poseedores de aquellas propiedades que habían pertenecido a la Iglesia en

---

86   *Decreto por la Secretaria de Hacienda del 28 de enero de 1858, declarando nulas las disposiciones contenidas en la ley de 25 de Junio de 856, y su reglamento de 30 de Julio del mismo año, sobre enagenacion de los bienes eclesiásticos,* Art. 1, en ARRILLAGA, Basilio José, *Recopilación de leyes, decretos, bandos, reglamentos, circulares y providencias de los supremos poderes y otras autoridades de la República Mexicana,* México, Imprenta de A. Boix, á cargo de M. ZORNOZA, 1864

87   *Reglamento de la ley de 28 de enero de 1858, en la parte relativa a enagenaciones de bienes raices pertenecientes á corporaciones eclesiásticas,* en ARRILLAGA, Basilio José, *Recopilación de leyes, decretos, bandos, reglamentos, circulares y providencias de los supremos poderes y otras autoridades de la República Mexicana,* México, Imprenta de A. Boix, á cargo de M. Zornoza, 1864, págs. 46-53

términos de su devolución y posterior recuperación ante el triunfo liberal.[88]

Derogó asimismo la *Ley de 11 de Abril de 1857 sobre obvenciones parroquiales*,[89] cuyo autor fue Don José María Iglesias, quedando en todo su vigor las disposiciones que regían antes de ella. Esta acción de Zuloaga motivó una amplia respuesta fechada el 4 de febrero de 1858, del Ministro de Justicia del Gobierno Constitucional mediante una circular enviada a los gobernadores de los Estados de la República.[90]

Un paso de gran importancia fue el restablecimiento de la Suprema Corte de Justicia[91] tal cual existía "en" 22 de noviembre de 1855, con las atribuciones que le otorgaban las leyes entonces vigentes. Conforme al artículo 2° del decreto, los empleados de sus Secretarías y los demás del ramo judicial que hubieran sido separados de su tareas sin causa legalmente

---

88   Sobre el tema véase el artículo en *Historia Mexicana* de Knowlton, Robert J., *op. cit.*, págs. 532-533. Del mismo autor KNOWLTON, Robert J., *Los bienes del clero y la Reforma mexicana, 1856-1910*, Trad. Juan José Utrilla, México, Fondo de Cultura Económica, 1985.

89   *Ley de 11 de Abril de 1857 sobre obvenciones parroquiales*, en *El Archivo Mexicano. Colección de leyes, decretos, circulares y otros documentos*, México, Imprenta de Vicente G. Torres, 1857, Tomo III, pág. 233. Un comentario sobre esta en GALEANA, Patricia, "De la legislación reformista a las Leyes de Reforma", en GALEANA, Patricia y Valencia Carmona, Salvador, *Juárez Jurista*, México, Instituto de Investigaciones Jurídicas, UNAM, 2007, págs. 34-35

90   Véase *Circular del Ministerio de Justicia sobre un decreto de Zuloaga*, en TAMAYO, Jorge L., *Benito Juárez. Documentos, discursos y correspondencia*, México, Secretaría del patrimonio nacional, 1971, tomo 2, págs. 302-306

.

91   *Decreto por la Secretaría de Justicia del 28 de enero de 1858, Se restablece la Suprema Corte de Justicia*, en ARRILLAGA, Basilio José, *Recopilación de leyes, decretos, bandos, reglamentos, circulares y providencias de los supremos poderes y otras autoridades de la República Mexicana*, México, Imprenta de A. Boix, á cargo de M. ZORNOZA, 1864, pág. 28.

probada y sentenciada, volverían al ejercicio de sus respectivas funciones.

Debemos destacar que precisamente el 22 de noviembre de 1855 se expidió la *Ley de Administración de Justicia y Orgánica de los Tribunales de la Federación*[92], por lo que debemos entender que la Suprema Corte de la República de Zuloaga se regiría por las disposiciones anteriores a la llamada *Ley Juárez de Administración de Justicia.*[93]

Recordemos que durante la vigencia de las *Bases para la administración de la República hasta la promulgación de la Constitución de 22 de abril de 1853*[94] se expidieron diversos ordenamientos en materia de

92   DUBLÁN, Manuel y José María LOZANO, *Legislación mexicana o colección completa de las disposiciones legislativas expedidas desde la independencia de la república*, Imprenta del Comercio, México, 1876, Tomo VII, núm. 4572

.

93   Sobre los cambios que introdujo dicha Ley Juárez véase CRUZ BARNEY, Oscar, *Historia de la jurisdicción mercantil en México*, México, Instituto de Investigaciones Jurídicas, UNAM, Universidad Panamericana, Ed. Porrúa, 2007.   Véase asimismo GONZÁLEZ NAVARRO, Moisés, "La Ley Juárez", *Historia Mexicana*, México, El Colegio de México, Vol. LV, Núm. 3, Enero-Marzo, 2006. Ley que a decir de Linda Arnold subordinaba el Poder Judicial al Ejecutivo. "Juárez actúo enérgicamente para imponer la voluntad del ejecutivo sobre la del poder judicial... garantizó la ventaja para el ejecutivo en la lucha por el poder y el control que se había entablado con el poder legislativo federal y los estados..." Véase ARNOLD, Linda, "La política de la justicia: los vencedores de Ayutla y la Suprema Corte Mexicana", *Historia Mexicana*, México, El Colegio de México, Vol. XXXIX, Núm. 2, Octubre-Diciembre, 1989, págs. 442 y 469.

94   Durante la dictadura de Santa Anna se expiden para su organización las *Bases para la administración de la República hasta la promulgación de la Constitución* del 22 de abril de 1853, las cuales establecían entre otros puntos:
1.   La creación de cinco Secretarías de Estado: de Relaciones Exteriores, de Relaciones Interiores, Justicia, Negocios Eclesiásticos e Instrucción Pública, de Fomento, Colonización, Industria y Comercio, de Guerra y Marina y de Hacienda.
2.   La obligación de formular un presupuesto exacto de los gastos de la Nación, que sería examinado en la Junta de Ministros.

administración de justicia. El 25 de mayo de 1853 se expidieron la *Ley para el arreglo de lo contencioso administrativo* y su *Reglamento*.[95]

Poco tiempo después, el 30 de mayo de 1853 Santa Anna expidió el *Decreto del gobierno sobre Administración de Justicia*[96] por el que se añadieron cuatro ministros supernumerarios a los once y un fiscal de que se integraba la Suprema Corte de Justicia y se organizó el despacho de las salas de la Corte, el procedimiento para la recusación de los Ministros, las

---

3.   El nombramiento de un procurador general de la Nación para atender los negocios contenciosos que versasen sobre los intereses de la Nación.

4.   La necesidad de contar con un código civil, criminal, mercantil y de procedimientos.

5.   El establecimiento de un Consejo de Estado compuesto por 21 individuos y dividido en cinco secciones correspondientes a cada una de las Secretarías de Estado.

6.   El receso de todas las legislaturas estatales para facilitar la reorganización de todos los ramos de la administración pública.

7.   La necesidad de formar un reglamento para la manera en que los gobernadores habrían de ejercer sus funciones hasta la publicación de una nueva *Constitución*.

Santa Anna resolvió impulsar el establecimiento de la monarquía en México, comisionando a Gutiérrez de Estrada y a José María Hidalgo para la presentación del plan, el cual no pudo llevarse a buen fin. Sin embargo, como hemos visto, poco a poco Santa Anna fue extinguiendo el sistema federal al decretar el receso de las legislaturas estatales, reglamentar las funciones de los gobernadores, centralizar las rentas públicas y eliminar la denominación de *Estados*.

95   *Ley para el arreglo de lo contencioso administrativo,* en DUBLÁN, Manuel y José María LOZANO, *Legislación mexicana o colección completa de las disposiciones legislativas expedidas desde la independencia de la república*, Imprenta del Comercio, México, 1876, Tomo VI, núm. 3861. Ver asimismo el *Reglamento de la Ley para el arreglo de lo contencioso administrativo,* en DUBLÁN, Manuel y José María LOZANO, *Legislación mexicana o colección completa de las disposiciones legislativas expedidas desde la independencia de la república*, Imprenta del Comercio, México, 1876, Tomo VI, núm. 3862.

96   *Decreto del gobierno sobre Administración de Justicia,* en DUBLÁN, Manuel y José María LOZANO, *Legislación mexicana o colección completa de las disposiciones legislativas expedidas desde la independencia de la república*, Imprenta del Comercio, México, 1876, Tomo VI, núm. 3867

apelaciones en el mismo que se tramitarían conforme a lo dispuesto en el cap. 3 de la ley 19, tít 2, lib. 11 de la *Novísima Recopilación*.

El 16 de diciembre de 1853 expidió la *Ley para el arreglo de la administración de justicia en los tribunales y juzgados del fuero común*[97] por la que los jueces y tribunales del fuero común fueron los siguientes:

1. Los jueces locales, siendo estos los jueces de paz de todos los lugares y los menores de   la Ciudad de México.
2. Los jueces de partido.
3. Los tribunales superiores.
4. El Supremo Tribunal de Justicia de la Nación.

El último término de la administración de justicia en el fuero común lo constituía el Supremo Tribunal de Justicia de la Nación, integrado conforme a la ley del 30 de mayo de 1853. Se establece asimismo que este Supremo Tribunal desempeñaría las funciones de Tribunal Superior en el Distrito de México. Se ocupa del traje que deben utilizar los jueces y magistrados, sus honores, vacaciones y licencias, de las facultades de los jueces y tribunales, de las contiendas sobre competencias de jurisdicción, ejecutorias, recusaciones, excusas e impedimentos de los magistrados, jueces de partido y jueces locales, del fiscal, del procurador general, de los

---

97   *Ley para el arreglo de la administración de justicia en los tribunales y juzgados del fuero común,* en Dublán, Manuel y José María Lozano, *Legislación mexicana o colección completa de las disposiciones legislativas expedidas desde la independencia de la república,* Imprenta del Comercio, México, 1876, Tomo VI, núm. 4149

abogados que para ejercer debían matricularse en el Colegio de Abogados de México, suprimiéndose los colegios de los Departamentos. Trata asimismo de los escribanos, de los agentes de negocios y de los sueldos de jueces y magistrados.

El gobierno de Zuloaga expidió el 29 de noviembre de 1858 la *Ley para el arreglo de la administración de justicia en los Tribunales y Juzgados del Fuero Común*[98] conocida como *Ley Zuloaga* que perdió vigencia en 1860, pero se reinstaló el 15 de julio de 1863 por la Regencia del Imperio.[99]

Esta Ley ha sido calificada como un ordenamiento procesal excelente "como hasta ese momento no se conocía en el país".[100] Se trataba de una regulación procesal unificada que abrogaba toda la legislación procesal liberal y particularmente la llamada *Ley Juárez de Administración de Justicia*. Se trataba de una espléndida ley, muy avanzada para su tiempo, inspirada en buena medida en la *Ley para el arreglo de la Administración de*

---

98   *Ley para el arreglo de la administración de justicia en los Tribunales y Juzgados del Fuero Común*, México, Tip. de A. Boix, á cargo de Miguel de ZORNOZA, 1858. Puede verse también *Ley para el arreglo de la administración de justicia en los Tribunales y Juzgados del Fuero Común de 29 de noviembre de 1858*, en ARRILLAGA, Basilio José, *Recopilación de leyes, decretos, bandos, reglamentos, circulares y providencias de los supremos poderes y otras autoridades de la República Mexicana*, México, Imprenta de A. Boix, á cargo de M. Zornoza, 1864, tomo que comprende de enero a diciembre de 1858, págs. 333-503.

99   CABRERA ACEVEDO. Lucio, *Documentos constitucionales y legales relativos a la función judicial 1810-1917*, México, Poder Judicial de la Federación, Suprema Corte de Justicia de la Nación, 1998, Tomo II, pág. 137.

100   SOBERANES FERNÁNDEZ, José Luís, *op. cit.*, pág. 241

Justicia de los Tribunales y Juzgados del Fuero Común conocida como *Ley Lares* por su autor, del 16 de diciembre de 1853.[101]

El 20 de marzo de 1858 la Secretaría de Gobernación del gobierno de Zuloaga mediante una circular cambió el sistema Federal establecido en la Constitución de 1857. Se señaló que quedaban completamente destruidos en su carácter político y administrativo los llamados Estados de la Federación y por ende, en lo sucesivo todos los llamados Estados de la República Mexicana se denominarían, *Departamentos* de la misma, "sujetos enteramente en todos sus asuntos y negocios al Gobierno Supremo de la Nación establecido en esta capital."

El abandono del sistema federal y la adopción del central obedeció, según la propia circular, a la decisión de "sistemar en nuestro pais, el órden y la regularidad en su marcha política, cuya base cardinal, á su juicio, debe ser la que queda asentada."[102]

Diez días después, el 30 de marzo de 1858, se derogó el decreto que estableció al Registro Civil. Se trataba de la *Ley Orgánica del Registro del*

---

101   FARÉN GUILLÉN , Víctor y José Luis SOBERANES FERNÁNDEZ, *La administración de justicia en México en el siglo XIX*, Tribunal Superior de Justicia del Distrito Federal, México, 1993, pág. 86. Sobre el papel de Don Teodosio Lares en materia de la estructuración de la administración pública véase FERNÁNDEZ RUIZ, Jorge, "Regulación jurídica de la administración pública en la época de Juárez", en GALEANA, Patricia y VALENCIA CARMONA, Salvador, *Juárez Jurista*, México, Instituto de Investigaciones Jurídicas, UNAM, 2007
.

102   *Circular del 20 de marzo de 1858*, en ARRILLAGA, Basilio José, *Recopilación de leyes, decretos, bandos, reglamentos, circulares y providencias de los supremos poderes y otras autoridades de la República Mexicana*, México, Imprenta de A. Boix, á cargo de M. Zornoza, 1864, pág. 76

Estado Civil de 27 de enero de 1857.[103] Cesaban todas las oficinas y empleados establecidos con motivo de la citada ley, debiendo entregar los documentos, utensilios y demás objetos a ellas pertenecientes a la primera autoridad política de los respectivos lugares. Dichas autoridades debían mandar archivar los documentos y aplicar los utensilios al servicio público que designaren los Gobernadores de los Departamentos. [104]

El 7 de abril de 1858 se derogó la *Ley de 10 de Agosto de 1857 sobre sucesiones hereditarias*[105] así como la *Ley de sucesiones por testamento y ab-intestato* de 2 de Mayo del mismo año[106], que determinaba en su artículo 26 fracción 3 que la iglesia, monasterio o convento del sacerdote que confesase al testador en su última enfermedad era inhábil para heredar por testamento y aun para adquirir legados. Misma disposición se aplicaba al sacerdote confesor, quedando en todo su vigor y fuerza las disposiciones

103   *Ley Orgánica del Registro del Estado Civil de 27 de enero de 1857*, en *El Archivo Mexicano. Colección de leyes, decretos, circulares y otros documentos*, México, Imprenta de Vicente G. Torres, 1856 (sic), Tomo II, pág. 692-717.

104   *Decreto de 30 de marzo de 1858 Registro civil. Derogación del decreto que lo estableció*, en Arrillaga, Basilio José, *Recopilación de leyes, decretos, bandos, reglamentos, circulares y providencias de los supremos poderes y otras autoridades de la República Mexicana*, México, Imprenta de A. Boix, á cargo de M. ZORNOZA, 1864.

105   *Decreto por la Secretaria de Justicia de 7 de abril de 1858, Sucesiones hereditarias. Derogación de la ley relativa fecha 10 de Agosto de 1857*, en ARRILLAGA, Basilio José, *Recopilación de leyes, decretos, bandos, reglamentos, circulares y providencias de los supremos poderes y otras autoridades de la República Mexicana*, México, Imprenta de A. Boix, á cargo de M. Zornoza, 1864, pág. 85

106 *Ley de sucesiones por testamento y ab-intestato de 2 de mayo de 1858*, en *El Archivo Mexicano. Colección de leyes, decretos, circulares y otros documentos*, México, Imprenta de Vicente G. Torres, 1857, Tomo III, págs. 521-543

anteriores a ellas, "entretanto se procede con detenimiento y circunspeccion á hacer en este ramo las reformas necesarias, respetando siempre los principios de una sábia legislacion."

Uno de los pasos más importantes del gobierno de Zuloaga fue el restablecimiento de la Nacional y Pontificia Universidad de México, que había sido extinguida mediante decreto de 14 de septiembre de 1857 por Ignacio Comonfort, destinando el edificio, libros, fondos y demás bienes que le pertenecían a la formación de la Biblioteca Nacional.[107]

Zuloaga dispuso que el Rector de la Universidad al momento de la extinción volvería a sus funciones, procediendo a reorganizarla con arreglo a sus constituciones y a lo dispuesto en el propio decreto de restablecimiento. Cabe destacar que el artículo 22 del decreto estableció que el Ilustre y Nacional Colegio de Abogados de México y el Consejo Superior de Salubridad se consideraban como corporaciones agregadas a la Universidad y tendrían en ella lugar para sus reuniones y actos.[108]

En diciembre de 1858, el general conservador Miguel María

107   Decreto de supresión de la Universidad de México, en *El Archivo Mexicano. Colección de leyes, decretos, circulares y otros documentos*, México, Imprenta de Vicente G. Torres, 1857, Tomo III, págs. 918-919.

108   *Restablecimiento de la Nacional y Pontificia Universidad de México, Decreto de 5 de marzo de 1858*, en ARRILLAGA, Basilio José, *Recopilación de leyes, decretos, bandos, reglamentos, circulares y providencias de los supremos poderes y otras autoridades de la República Mexicana*, México, Imprenta de A. Boix, á cargo de M. Zornoza, 1864, págs. 56-64.

Echeagaray se pronunció en Ayotla por el Plan de Navidad[109], distinto del de Juárez y Zuloaga, por el que desconocía al gobierno establecido en México a consecuencia del Plan de Tacubaya y llamaba al General Manuel Robles Pezuela a ponerse al frente de las tropas que guarnecían la Ciudad de México. Poco tiempo después, en febrero de 1859, ascendió el general Miramón a la presidencia después de haber reinstalado a Zuloaga y haber sido nombrado por éste Presidente Sustituto de la República,[110] acción dada para "darle así cierto barniz de legalidad al despojo de Zuloaga"[111] si bien los gobiernos de Zuloaga y Miramón significaron el apogeo de los conservadores en la Guerra de Reforma[112] y se considera la acción de Miramón como una conducta leal, honrosa y desinteresada.[113] Señala Emilio Rabasa que los dos jefes se veían con desconfianza y recelo, "y el uno por sometido y el otro por usurpador, mantuvieron en la parcialidad conservadora un malestar que hacía menoscabar con la indisciplina las

---

109   *Plan de Navidad,* en IGLESIAS GONZÁLEZ, Román (int. y rec.), *Planes políticos, proclamas, manifiestos y otros documentos de la Independencia al México moderno, 1812-1940,* Instituto de Investigaciones Jurídicas, UNAM, México, 1998

110   Véanse los *Manifiestos y proclamas de Miramón (enero-abril de 1859),* en IGLESIAS GONZÁLEZ, Román (int. y rec.), *Planes políticos, proclamas, manifiestos y otros documentos de la Independencia al México moderno, 1812-1940,* Instituto de Investigaciones Jurídicas, UNAM, México, 1998.   En particular los manifiestos de fechas 24 de enero y 2 de febrero de 1859.

111   AGUILAR DE BUSTAMANTE, Javier, *op. cit.,* pág. 29.

112   NORIEGA, Alfonso, *op. cit.,* pág. 430.

113
        Zamacois, Niceto de, *op. cit.,* Tomo XV, pág. 159.

ventajas de los primeros triunfos."[114]

Señala José Fuentes Mares que siendo que los recursos se agotaban en ambos bandos y en ambos arraigaba la convicción de tener que obtenerlos a cualquier precio el fin justificaba los medios. "Estaban en puerta el ruinoso negocio de los bonos Jecker y el tratado Mon-Almonte por cuenta de Miramón, y la convención Mac Lane-Ocampo por cuenta del gobierno de Juárez. Mientras por un lado se esperaban auxilios de Europa, por el otro se echaban en brazos de Estados Unidos."[115]

Miramón se dirigió a Veracruz para sitiarlo, pero tuvo que levantar el sitio debido a que Santos Degollado se dirigía a la capital. Degollado fue derrotado por Leonardo Márquez antes de la llegada de Miramón, pero el objetivo de levantar el sitio de Veracruz se había logrado.

El primero de abril de 1859 llegó Robert McLane, el representante del gobierno de Estados Unidos, quien después de reconocer el gobierno juarista entró en negociaciones con Melchor Ocampo a fin de reajustar los límites fronterizos, incluyendo Baja California del lado estadounidense y el derecho de vía perpetuo por el Itsmo de Tehuantepec, entre otras cosas. El tratado se

---

114   RABASA, Emilio, *op. cit.*, pág. 57.

115   FUENTES MARES, José, *Biografía de una nación. De Cortés a López Portillo*, México, Ediciones Oceano, S.A., 1982, págs. 169-170. Sobre Jecker véase Suárez Argüello, Ana Rosa, "Los intereses de Jecker en Sonora", *Estudios de historia moderna y contemporánea de México*, México, Instituto de Investigaciones Históricas, UNAM, Vol. 9, Documento 108, versión electrónica en http://iih.unam.mx/moderna/ehmc/ehmc9/108.html

firmó el primero de diciembre de ese año y fue ratificado por Juárez. El 1 de enero de 1860, D. Miguel Miramón se manifestó en contra del Tratado McLane-Ocampo, calificándolo de tratado infame que dejaba al frente de las personas que lo firmaron un sello indeleble de traición y escándalo. El tratado acusaba Miramón, se contraía a concesiones de territorio o de vías de tránsito para los ciudadanos y tropas de los Estados Unidos "que arruinarían nuestros puertos y nuestro comercio y que servirían a aquella república para irse extendiendo sobre nuestro país."

En febrero se sometió al Senado estadounidense pero, pese a la insistencia del presidente Buchanan, no mereció su aprobación por el desequilbrio que acarrearía a Estados Unidos.

Al poco tiempo, en junio de 1860, Zuloaga "quien era el presidente interino" declaró mediante decreto fijado en las esquinas de las calles de la capital y enviado bajo sobres a los agentes diplomáticos de las naciones extranjeras, que asumía nuevamente el poder como presidente[116] y fue apoyado por los generales y jefes del partido conservador, por lo que se reiniciaron los combates. Miramón llamó a Zuloaga: este se resistió al llamado, y aquel lo puso preso llevándoselo consigo á la campaña del interior, de donde se huyó."[117] En la capital las conspiraciones no se hicieron esperar y las acusaciones contra Juárez por traición a la patria al

---

116   ZAMACOIS, Niceto de, *op. cit.*, Tomo XV, pág. 403.

117   AGUILAR DE BUSTAMANTE, Javier, *op. cit.*, pág. 29.

---

haber firmado el tratado McLane-Ocampo se hicieron presentes. El Congreso autorizó al gobierno a tomar las medidas necesarias contra los reaccionarios y se suspendieron las garantías constitucionales. En julio se declaró presidente constitucional a Juárez y el día 15 éste prestó juramento. González Ortega fue nombrado presidente de la Suprema Corte de Justicia. La falta de recursos para sostener la guerra obligó al gobierno a decretar la suspensión de pagos, lo que provocó la ruptura de relaciones diplomáticas con Francia e Inglaterra el 25 de julio.

Los conservadores reanudaron relaciones con España en septiembre de ese año mediante el tratado Mon-Almonte, por el que se obligaron a indemnizar a los españoles afectados por una serie de delitos cometidos en Durango contra ellos. El gobierno de Juárez no aceptó el tratado ni la representación de Juan N. Almonte; este desconocimiento habría de tener graves consecuencias para Juárez en la guerra de intervención.

El gobierno conservador contrató con la casa suiza Jecker un empréstito por 750,000 pesos a cambio de bonos del Estado por 15 millones de pesos, otro argumento más para la intervención francesa. En 1860, Miramón decidió intentar nuevamente la toma de Veracruz, para lo que adquirió dos buques de vapor en la Habana, uno llamado *Marqués de la Habana* y el otro *General Miramón*, al mando del almirante Tomás Marín. Juárez, al enterarse de los planes de Miramón, acordo con Turner, comandante de una escuadrilla estadounidense fondeada en Veracruz, que apresara los vapores por considerarlos piratas.[118] El apresamiento se llevó a cabo en las aguas de Antón Lizardo y Marín fue encarcelado en Nueva Orleans como pirata. Miramón calificó esta acción como traición a la patria porque en ella intervinieron fuerzas extranjeras. A partir de ese momento las fuerzas liberales empezaron a ganar terreno sobre las conservadoras, que perdieron Guanajuato y todo El Bajío. En noviembre, tras la caída de Guadalajara, Miramón declaró a la capital en estado de sitio. González Ortega, al mando de las tropas liberales, se enfrentó con Miramón en San Miguel Calpulalpan y lo venció.

El 15 de junio de 1858 los señores miembros del Consejo de Gobierno Don Bernardo Couto como su Presidente, Don Juan Nepomuceno de Vértiz y Delgado, Secretario y Don José Ma. Andrade Secretario, le enviaron al Ministro de Gobernación D. Luís Gonzaga Cuevas el proyecto del *Estatuto Orgánico provisional de la República*[119], en cumplimiento de lo dispuesto en el artículo 8 parte 4ª del decreto de 25 de enero de ese año. Proyecto que había sido aprobado por el Consejo de Estado.

El Estatuto se inicia en el nombre de Dios y se divide en seis secciones y 46 artículos. Como señalamos, tuvimos a la vista el original

---

118   Para tal efecto, se emitió la *Circular del Ministerio de la Guerra de 25 de febrero de 1860 por el que se declara que los buques de la escuadrilla de D. Tomás Marín deben ser considerados como piratas,* en DUBLÁN y LOZANO, *Legislación mexicana...*, t. 8, p.740, núm.   5094.

119   Citaremos como *Estatuto.* Sobre el Estatuto véase CRUZ BARNEY, Oscar, *La República Central de Félix Zuloaga y el Estatuto Orgánico Provisional de la República de 1858,* 2ª edición, México, Porrúa, UNAM, IIJ, 2011.

manuscrito firmado por sus autores dirigido al Ministro de Gobernación, documento que cotejamos con la copia existente en el CEHM.[120]

Las secciones del *Estatuto* son:

1. Del derecho público de la Nación.

2. Del Gobierno de la Nación

3. Del Ministerio

4. Del Consejo de Estado

5. De los Tribunales y Jueces de la Nación

6.   Del Gobierno interior de los Departamentos

Un último artículo se refiere a las reformas posibles al Estatuto.

III.3.1 Del derecho público de la Nación.

En esta primera sección, el Estatuto ofrece un catálogo de derechos fundamentales y obligaciones con la patria a partir de las ideas proclamadas en la consumación de la independencia. El artículo 1 establece que la Nación Mexicana tiene por base de su derecho público las tres garantías proclamadas en Iguala el año de 1821[121] es decir Religión, Independencia y Unión, en consecuencia:

---

120   Las diferencias que encontramos las señalamos en su lugar respectivo.

121   Su texto en CARBONELl, Miguel, CRUZ BARNEY, Oscar y Karla PÉREZ PORTILLA (comps.), *Constituciones históricas de México*, 2ª ed., Porrúa, México, 2004.

1. 1. Conserva su unidad religiosa.

2. Se restablecía la intolerancia religiosa. La religión del Estado era la Católica, Apostólica Romana no permitiéndose por la Nación el ejercicio de ningún otro culto en su territorio.

3. 2. La Nación mantiene la independencia de todo poder extraño, establece su Gobierno, dicta las leyes por las que se rige y crea sus propios magistrados, los cuales deben siempre salir de su seno, y no pueden residir fuera de su territorio.

4. Los Mexicanos forman todos una sola familia política, sin distinción de orígenes ni localidades. Para acceder a los cargos públicos, no se exigen sino cualidades individuales.

III.3.1.1 Derechos y principios fundamentales

En el Estatuto se consagran diversos derechos y principios fundamentales:

a) Libertad

Conforme al Artículo 2, en México todo hombre nace libre y no podía nunca caer en la esclavitud. Aquel que era esclavo fuera del país, recobraba su libertad tan pronto pisaba el territorio nacional. Cualquier tentativa para introducir en México la esclavitud, sería considerada crimen contra las leyes fundamentales del Estado.

Todo mexicano tenía derecho según el Estatuto:

1. De establecer su domicilio en el punto que quiera,
2. De ausentarse de él cuando le convenga; y
3. De trasladarse fuera de la República con su familia y bienes, salvo que tuviere pendiente responsabilidad criminal o pecuniaria.

b) Debido proceso

Nadie podía ser reducido a prisión, sino por mandamiento de autoridad competente, dado por escrito. El que fuera preso, tenía derecho de exigir en el acto una copia del mandamiento de prisión, suscrita por el funcionario público que la ejecutaba, salvo en el caso de delito infraganti, en el cual toda persona podía detener a los delincuentes y llevarlos ante la autoridad.

c) Principio de irretroactividad de la ley

Conforme al Estatuto, a nadie podía imponerse pena sino por sentencia de Juez competente y después de un proceso legalmente instruido, en el que se le haya oído y se hayan recibido sus defensas. Todo juicio civil o criminal se decidía por las leyes que estaban en vigor cuando se efectuaron los hechos sobre que versaba. Las leyes norman los actos posteriores a su promulgación, y jamás tienen fuerza retroactiva.

d) Prohibición de penas infamantes y trascendentales.

Prohibición de la tortura.

Por ningún delito podía imponerse pena de confiscación de bienes, de infamia trascendental a los parientes, ni de mutilación. Tampoco podía emplearse ningún genero de tormento para la averiguación de los hechos en la instrucción de los juicios, ni darse suplicios que causaren otro padecimiento que la simple privación de la vida, ni negarse al condenado a muerte el tiempo necesario para recibir los auxilios de la Religión y otorgar testamento.

e) Facultades extraordinarias

Los medios coercitivos de que usaba la autoridad administrativa respecto de los particulares se limitaban a multas, arresto correccional, que en ningún caso podía exceder de tres meses, sometimiento a la vigilancia inmediata de la policía, y prohibición de presentarse en determinada demarcación. Si el estado de la paz pública permitía que se restringieran, o exigiera que se ampliaran estas facultades en toda la República o en determinados distritos, el Gobierno Supremo lo acordaría en Junta de Ministros, oyendo previamente el voto del Consejo.

El tema de las facultades extraordinarias del Ejecutivo había sido desde temprano materia constante de discusión entre posturas que serían llamadas liberales y conservadoras. Cabe destacar junto con

José Antonio Aguilar Rivera, que la ortodoxia liberal estaba ya firmemente establecida entre la mayoría de los representantes al entonces Congreso Constituyente de 1823-1824, manifestado por la ausencia de otorgamiento de poderes de emergencia para el Ejecutivo, ya que con ello, la Constitución quedaba sin mecanismos para enfrentar situaciones de emergencia, que abundaron durante su vigencia.

"El resultado del desfase entre la estructura institucional y la realidad política fue el debilitamiento de la legitimidad constitucional... Se dijo que dejar al arbitrio del Congreso la concesión de cualquier facultad extraordinaria indefinidamente podría tener como consecuencia que el ejecutivo impusiera la pena capital sin forma de juicio o reunir los tres poderes en uno."[122]

La consecuencia de lo anterior fue que los principales actores políticos considerasen inviables los preceptos constitucionales, dado que aunque la constitución no establecía mecanismos para afrontar las situaciones críticas, la década de la primera república federal fue pródiga en ellos.

---

122   AGUILAR RIVERA, José Antonio, *En pos de la quimera. Reflexiones sobre el experimento constitucional atlántico*, México, CIDE, Fondo de Cultura Económica, 2000, pág. 81.

Una vez que fue puesta en vigor la Constitución de 1824, y justo antes de que el Congreso constituyente cerrara sus sesiones, se promulgó "una ley de Poderes Especiales que era, en realidad, una ley de facultades extraordinarias."[123]

Se trata del *Decreto de 23 de diciembre de 1824, Medidas para la seguridad de la República.*[124] Por virtud de dicho decreto, el Congreso autorizó al Poder Ejecutivo a remover de uno a otro punto cuando lo considerase conveniente a la seguridad de la República, a los empleados de la Federación y habitantes de los territorios y Distrito Federal, así como para hacerlo respecto de los habitantes de los estados por medio de los respectivos gobernadores.

Dicho decreto autorizaba al Ejecutivo Federal a que, en caso de que las autoridades supremas de los estados conspirasen contra la independencia o sistema adoptado de federación, las sujete con la fuerza armada.

Esto tuvo como resultado un desfase entre la estructura

---

123   *Idem.*

124   *Véase Decreto de 23 de diciembre de 1824, Medidas para la seguridad de la República,* en Manuel DUBLÁN y José María LOZANO, *Legislación mexicana o colección completa de las disposiciones legislativas expedidas desde la independencia de la república,* Imprenta del Comercio, México, 1876, tomo I, núm. 450, pág.. 763.

institucional y la realidad política, con el consecuente debilitamiento de la legitimidad constitucional.

El proyecto de Acta de Reformas a la Constitución Federal de 1824 presentado por Mariano Otero al Congreso[125] y fechado el 5 de abril de 1847 se refería en su artículo 4 a los poderes de emergencia.

En dicho artículo se establecía:

"Art. 4.- Para asegurar los derechos del hombre que la constitución reconoce, una ley fijará las garantías de libertad, seguridad, propiedad, é igualdad de que gozan todos los habitantes de la República, y establecerá los medios de hacerlas efectivas.[126]

Estas garantías son inviolables, y solo en el caso de una invasión extrangera ó de rebelión interior, podrá el poder legislativo suspender las formas establecidas para la aprehensión y detención de los particulares, y cateo de las habitaciones, y esto por determinado tiempo.

..."

125   Puede consultarse en *La reforma del Estado Federal. Acta de reformas de 1847*, estudio introductorio y compilación de Manuel GONZÁLEZ OROPEZA, Instituto de Investigaciones Jurídicas, UNAM, México, 1998, págs. 720-723.

126   Nótese la similitud con los derechos y principios contenidos en el *Estatuto*.

La propuesta de Mariano Otero rescataba así lo establecido en el artículo 308 de la *Constitución de Cádiz* que establecía que "Si en circunstancias extraordinarias la seguridad del Estado exigiese, en toda la Monarquía o en parte de ella, la suspensión de algunas de las formalidades prescritas en este capítulo para el arresto de los delincuentes, podrán las Cortes decretarla por un tiempo determinado" y 198 de las *Bases Orgánicas de la República Mexicana* de 1842 que establecía en términos casi idénticos que "Si en circunstancias extraordinarias la seguridad de la Nación exigiere en toda la República, o parte de ella, la suspensión de las formalidades prescritas en estas bases, para la aprehensión y detención de los delincuentes, podrá el Congreso decretarla por determinado tiempo."

Esta idea no era nueva desde luego. Recordemos que en el siglo XIV Alberico de Rosate distinguía dos facultades del monarca:

a) La *potestas ordinata et limitata*, o potestad ordenada y limitada, y

b) La *plenitudo potestatis*, o potestad plena o absoluta.

Ambas son facultades regias y según Rosate podían ser utilizadas a voluntad por el monarca. No obstante, en el siglo XV los juristas italianos señalaron que únicamente en casos extraordinarios podía el príncipe utilizar *la plenitudo potestatis*. Se insistió también en que todos aquellos actos del rey que violentaran el derecho vigente debían contener una "cláusula derogatoria del principio violado para poder ser válidos." Claramente, la única forma de limitar al rey era sometiéndolo a la ley.

La propuesta de Mariano Otero, que llenaba la notable laguna de la Constitución de 1824 fue, sin embargo, rechazada por la oposición liberal en el Congreso.[127]

Señala Aguilar Rivera que pocos días después el Congreso aprobó una ley concediéndole poderes de emergencia al gobierno para dictar lkas providencias necesarias para llevar adelante la guerra. "La ausencia de poderes constitucionales de emergencia durante la invasión norteamericana condujo a medidas extraconstitucionales... La Constitución de 1824 resultó insuficiente para conducir el esfuerzo de guerra..."[128]

Se trata de la *Ley de 20 de abril de 1847 por la que se faculta al gobierno para llevar adelante la guerra y defender la nacionalidad de*

---

127   AGUILAR RIVERA, José Antonio, *El manto liberal. Los poderes de emergencia en México 1821-1876*, México, Instituto de Investigaciones Jurídicas, UNAM, 2001, p. 192.

128   Ibidem, p. 193.

la República[129], bajo la presidencia substituta de Pedro María Anaya y que subsistiría todo el tiempo que durase la guerra con los Estados Unidos. Dicha ley aclaraba en su artículo 2 que no autorizaba al ejecutivo a hacer la paz con los Estados Unidos, ni a enajenar todo o en parte el territorio nacional.

Para Aguilar Rivera, esta ley demuestra que en ausencia de poderes de emergencia debida a preocupaciones liberales, los legisladores recurrieron a leyes secundarias para obviar la Constitución.[130]

f) Inviolabilidad de la propiedad privada y proporcionalidad de los impuestos

La propiedad era inviolable, bien pertenezca a individuos particulares, bien a corporaciones civiles o religiosas. La autoridad no podía privar a nadie de lo que legalmente había adquirido, ni impedirle su uso y aprovechamiento, ni exigirle otra cosa que el pago de la cuota que por razón de impuestos o arbitrios para los gastos

---

129   *Véase Ley de 20 de abril de 1847 por la que se faculta al gobierno para llevar adelante la guerra y defender la nacionalidad de la República,* en Manuel DUBLÁN y José María LOZANO, *Legislación mexicana o colección completa de las disposiciones legislativas expedidas desde la independencia de la república,* Imprenta del Comercio, México, 1876, tomo V, núm. 2975, págs. 267-268.

130   AGUILAR RIVERA, José Antonio, *op. cit.,* pág. 194.

públicos correspondiera a cada individuo o corporación, en proporción de lo que poseyera, y procediéndose siempre por reglas generales.

g) Expropiación

Si en algún caso se necesitare para objetos de utilidad pública, la propiedad de algún individuo o corporación, y el dueño no se prestare a enajenarla en contrato libre, el Gobierno Supremo podía acordar su ocupación, con consulta del Consejo de Estado. Jamás se llevará a cabo la ocupación, después de acordada, sin que previamente se pague al dueño, en dinero efectivo, el valor íntegro de la misma propiedad, estimado por peritos nombrados de ambas partes; y sin que se le indemnicen, en la misma forma, los menoscabos que le resulten.

h) Obligaciones de los habitantes

Todos los habitantes de la República estaban obligados a guardar sus leyes, respetar y obedecer a sus Magistrados en el orden legal, y contribuir para los gastos públicos.

i) Obligaciones de los mexicanos

Los mexicanos estaban además obligados a:

1. La defensa de la Patria,

2. A los otros actos del servicio público que exigen las leyes, y

3. A tener inviolable fidelidad a la Nación, aun residiendo fuera

de su territorio.

j) Condición jurídica de los extranjeros.

Los extranjeros transeúntes y los residentes en la República estaban bajo la salvaguardia del derecho de gentes y bajo la protección de las leyes nacionales. Además, los de cada Nación "disfrutan"[131] los derechos particulares que se hayan pactado en los tratados y estipulaciones que medien con su Gobierno. El de la República podía acordar la salida, fuera del Territorio Nacional, de toda persona no naturalizada, cuya permanencia en el mismo Territorio fuera nociva.[132]

k) Nacionalidad

El 30 de enero de 1854 se expidió la *Ley sobre extranjería y nacionalidad de los habitantes de la República*[133] "la única que ha intentado definir con exactitud quiénes son nacionales y quiénes

---

131 "disfrutarán", en el borrador.

132 *Estatuto*, Art. 12

133 *Ley sobre extranjería y nacionalidad de los habitantes de la República*, 30 de enero de 1854. Puede consultarse en *Legislación mejicana, ó sea Colección completa de las leyes, decretos y circulares que se han expedido desde la consumación de la independencia*. Méjico, Imprenta de Juan R. Navarro, 1854, Tomo que comprende de enero a mayo de 1854, Art. 14. Véase CRUZ BARNEY, Oscar, "Historia del Derecho Internacional Privado en México", en GONZÁLEZ MARTÍN, Nuria (Coord.), *Lecciones de Derecho Internacional Privado Mexicano*, México, Ed. Porrúa, Instituto de Investigaciones Jurídicas, UNAM,   2007.

extranjeros."[134] El Estatuto establece reglas mucho más sencillas a este respecto:

La primera sección en su Artículo 11 establece quién tiene el carácter de mexicano:

1. Todo hombre nacido en el territorio nacional, de padre que al tiempo del nacimiento tenía el carácter de miembro de la Nación, aun cuando después haya dejado de tenerlo.
2. Todo hijo de mexicano, aun nacido en país extranjero, siempre que al tiempo del nacimiento conservare el padre la calidad de mexicano.
3. Todo hijo de extranjero, nacido en el territorio nacional, siempre que llegando a la edad de veintiún años, manifieste su voluntad de ser mexicano.
4. Todo extranjero naturalizado conforme a las leyes.

III. 3.2 Del Gobierno de la Nación

---

134   Según Ignacio VALLARTA en su *Exposición de motivos del Proyecto de Ley sobre extranjería y naturalización, que por encargo de la Secretaría de Relaciones Exteriores ha hecho el Sr. Lic...*, México, Imprenta de Francisco DÍAZ DE LEÓN, 1885, p. 1.

El Estatuto establece que Gobierno de la Nación[135] era Republicano y que no había en la República más Soberanía que la de la Nación toda, ni se ejercía ningún acto de la potestad legislativa, sino por la autoridad general. Es decir, el Poder Legislativo residía en el Ejecutivo, no existiendo Poder Legislativo como cuerpo separado de los otros poderes.[136]

Se establecía además que D. Félix Zuloaga como Presidente interino era el Jefe Supremo de la Nación. Sus facultades eran las que le atribuían el Plan de Tacubaya, reformado en México. El uso de dichas facultades se regiría por el Estatuto.[137]

III.3.3 Del Ministerio

El Estatuto establece seis Secretarías de Estado a través de las cuales el Presidente comunicaría todas sus disposiciones. Ningún Ministro podría acordar con el Presidente sobre negocio que no fuere de su ramo; ni era ejecutable orden alguna que no se comunicare por

---

135   "Gobierno de México" en el borrador.

136   *Estatuto*, Art. 13.

137   *Estatuto*, Art. 14

el ministerio respectivo. El Presidente tendría Consejo con sus Ministros en todos los negocios en que lo juzgare conveniente. Pero la resolución final la tomaría siempre con el Ministro del ramo, que es quien la autorizaría y comunicaría.[138]

Las Secretarías de Estado eran, a diferencia de las señaladas en la Circular del 24 de enero de 1858[139]:

1. De Relaciones exteriores.
2. De Gobernación.
3. De Justicia y negocios eclesiásticos.
4. De Hacienda.
5. De Guerra.
6. De Fomento.

Un reglamento particular debía fijar la planta de cada Secretaria y los negocios que le fueren propios.

---

138   *Estatuto*, Art. 19

.

139   *Circular por la Secretaría de Relaciones, Organización del gabinete del Exmo. Sr. Presidente interino de la República*, en ARRILLAGA, Basilio José, *Recopilación de leyes, decretos, bandos, reglamentos, circulares y providencias de los supremos poderes y otras autoridades de la República Mexicana*, México, Imprenta de A. Boix, á cargo de M. Zornoza, 1864, págs. 12-13.

Habría igualmente una Inspección general encargada de la seguridad de los caminos y poblaciones en toda la República. Su Jefe sería nombrado y removido libremente por el Presidente. Un reglamento marcaría sus atribuciones. El expresado Jefe dependería inmediatamente del Ministerio de Gobernación.

Se determinó la creación de una Procuraduría General de la Nación, al frente de la cual habría un Procurador General de la Nación, que concurriría al gabinete y tendría voz en él, cuando fuere llamado por el Gobierno.

III.3.4. Del Consejo de Estado

Conforme al Artículo 20 habría un Consejo de Estado (reformando al existente se entiende) integrado por 31 personas distribuidas de la manera siguiente:

1. Cuatro por la clase de agricultura
2. Tres por el estado eclesiástico
3. Tres por la clase de mineros
4. Tres por las profesiones literarias
5. Tres por la industria fabril
6. Tres por el comercio

7. Tres por la clase militar

8. Nueve individuos que se hubieren distinguido por su ilustración, virtud y patriotismo en las carreras política, diplomática, de Judicatura o de Hacienda.[140]

Para ser miembro del Consejo se necesitaría:

1. Ser Ciudadano Mexicano en el ejercicio de sus derechos

2. Tener 35 años cumplidos de edad

3. No haber sido jamás condenado a pena infamante, y disfrutar loable opinión y fama.

Los Consejeros que entrasen por las clases de agricultura, minería, industria fabril y Comercio, debían poseer una propiedad raíz, que no bajare de cuarenta mil pesos libres para el dueño. Los demás debían tener el mismo capital, o una renta o emolumento anual que no bajase de dos mil pesos. La existencia del capital se haría constar por la contribución que se pagaba. La renta o emolumento

---

140 La división en clases nos la encontramos también en el artículo 40 de las *Bases Orgánicas de la República Mexicana* de 1843. Dichas bases establecían que "Las Asambleas departamentales elegirán los senadores que les corresponde, nombrando precisamente cinco individuos de cada una de las clases siguientes: agricultores, mineros, propietarios o comerciantes, y fabricantes. La elección de los demás recaerá en personas que hayan ejercido alguno de los cargos siguientes: Presidente o Vice-Presidente de la República, secretario del despacho por más de un año, ministro plenipotenciario, gobernador de antiguo Estado o Departamento por más de un año, senador al Congreso general, diputado al mismo en dos legislaturas, y antiguo Consejero de gobierno, o que sea Obispo o General de división. Véase su texto en CARBONELL, Miguel, CRUZ BARNEY, Oscar y Karla PÉREZ PORTILLA (comps.), *Constituciones históricas de México*, 2ª ed., Porrúa, México, 2004.

había de ser cierto y notorio.[141]

El Consejo tendría un Presidente, dos Vicepresidentes, dos Secretarios propietarios y dos suplentes, nombrados todos por el Gobierno. Los veinticuatro Consejeros restantes se dividirían en seis Secciones, compuesta cada una de tres vocales propietarios y un suplente. Esta división la haría el Gobierno a propuesta del mismo Consejo. Cada Sección estaría adicta a uno de los Ministerios.

Cada Ministerio podía consultar a su Sección los negocios administrativos en que creyere conveniente oírla. Podía además disponer que éstos se vieran en Consejo pleno, que se formaba de la reunión de todas las Secciones. Para que pudiese deliberar debían estar presentes cuando menos diez y seis Consejeros. Todos sus acuerdos se tomarían por simple mayoría de votos. Los Ministros tendrían en él libre entrada y tomarían parte en sus conferencias. El Presidente de la República lo presidiría personalmente, siempre que quisiera hacerlo.[142]

Las funciones del Consejo pleno eran muchas de ellas cercanas

---

141
   Estatuto, Art. 21.

142
   Estatuto, Arts. 23-26.

a lo que haría una Cámara de Diputados y/o de Senadores:

1. Consultar sobre toda ley o decreto que haya de expedir el Gobierno.

2.   Iniciar las que juzgue convenientes.

Cabe destacar que el Estatuto consideraba materia de ley o decreto lo siguiente, conforme al Artículo 28 del mismo:

a) Lo que debía contenerse en los Códigos civil y penal, de enjuiciamiento, de minería y de Comercio[143]

b) Las reglas generales del sistema de instrucción pública

c) Todo impuesto, arbitrio o contribución para cubrir los gastos públicos

d) Las disposiciones del ramo eclesiástico, que fueran del resorte de la autoridad civil, y contuvieren medidas generales

e) La ley, tipo y valor de la moneda nacional

f) La designación del pie de Ejército, y demás fuerza armada que haya de mantenerse en la República, y el modo de reclutarla.

g) La habilitación de Puertos para el Comercio extranjero, las

---

143   Tarea que le tocaba al gobierno general como sistema centralista.   Sobre la Codificación véase CRUZ BARNEY, Oscar, *La codificación en México, 1821-1917. Una aproximación*, Instituto de Investigaciones Jurídicas, UNAM, 2004

.

bases para la formación de aranceles de las aduanas marítimas y fronterizas, y las reglas generales para el Comercio interior de la República.[144]

3. Dictaminar sobre los tratados que se celebrasen con otras Naciones, antes de su ratificación.

4. Presentar ternas al Gobierno para los nombramientos de Consejeros de Estado y Ministros del Supremo Tribunal de la Nación;

5. Consultar lo que juzgase oportuno sobre las propuestas para Gobernadores, que remitieren los Consejos Departamentales.

6. Dictaminar en los negocios administrativos, en que por su gravedad estimase conveniente el Gobierno oír el dictamen de todo el Cuerpo.

7. Nombrar en caso de falta, al Presidente interino de la República. Mientras la elección se ejecutaba y tomaba posesión el electo, serviría la presidencia el que tuviere la del Consejo de Estado.

El Gobierno podría conformarse o no con las consultas que le presentasen las Secciones o el Consejo pleno; pero no resolvería sobre leyes o decretos que haya de expedir el Gobierno; nuevas iniciativas

---

144   En esos momentos se encontraba vigente la *Ordenanza General de Aduanas Marítimas y Fronterizas de la República Mexicana,* México, Imprenta de Ignacio Cumplido, 1856.   Se puede consultar en DUBLÁN, Manuel y LOZANO, José María, *Legislación Mexicana ó colección completa de las disposiciones legislativas expedidas desde la independencia de la República,* México, Imprenta del Comercio a cargo de DUBLÁN y CHÁVEZ, á cargo de M. Lara (Hijo), 1877, tomo VIII, núm. 4632.   Sobre el tema véase CRUZ BARNEY, Oscar, *El comercio exterior de México, 1821-1928. Sistemas arancelarios y disposiciones aduaneras,* México, Instituto de Investigaciones Jurídicas, UNAM, 2005.

de ley; los tratados internacionales y la presentación de ternas al Gobierno para los nombramientos de Consejeros de Estado y Ministros del Supremo Tribunal de la Nación y las propuestas para Gobernadores sin haber oído al Consejo.[145]

Solamente el Supremo Gobierno podía acordar, en los casos en que así lo estimase conveniente, que se diera publicidad a las actas, consultas, propuestas o iniciativas que le presentaren el Consejo de Estado o sus Secciones.

Por una única vez, el Gobierno proveería libremente las plazas del Consejo, pero en lo sucesivo y mientras debía existir dicho Cuerpo, vacare alguna plaza, cada Consejo Departamental presentaría una lista de tres personas con los requisitos requeridos por el Estatuto. El Consejo tomaría de estas listas tres candidatos para que de entre ellos lo nombrare el Gobierno.

III.3.5 De los Tribunales y Jueces de la Nación

La potestad de juzgar competía al Supremo Tribunal de la Nación, a los Tribunales Superiores de los Departamentos, a los Juzgados inferiores del fuero común, y a los que ejercieran

---

145   *Estatuto*, Art. 27.

jurisdicciones especiales, creadas o autorizadas por la ley. El Poder Judicial desempeñaría sus funciones en la instrucción y decisión de los negocios, con exclusiva sujeción a las leyes.

Se establecía que la intervención del Gobierno en el ramo judicial, se contraería a los objetos siguientes:[146]

1. Hacer visitar los Tribunales y Juzgados de la República por personas de su elección, siempre que lo creyese conveniente, para el efecto de informarse de su estado, y acordar las medidas que exija la mejor administración de Justicia.

2. Ordenar que se diese preferencia a la instalación y terminación de cualquier negocio en que esté particularmente interesada la causa pública, y hacerse dar partes periódicas de su curso.

3. Acordar que se le informe por cualquier Juzgado o Tribunal, en todo caso y sobre todo negocio, en que así convenga para su conocimiento.

4. Decretar, con vista de antecedentes, que se someta a juicio a cualquier Juez o Magistrado; quedando éste por el mismo hecho suspenso de su cargo hasta que se sentencie el proceso.

5. Suspender hasta por seis meses y privar durante ellos de la mitad de su sueldo a cualquier Magistrado o Juez, que se haga

---

146   *Estatuto*, Art. 33.

merecedor de tal demostración.

III.3.6 Del Gobierno interior de los Departamentos

El Estatuto confirma el restablecimiento del centralismo. Establece que la República se dividiría para su administración pública en Departamentos, Prefecturas y Subprefecturas. El número de Departamentos se fijaría por una ley aparte (que no llegó a expedirse). La ley de administración de Justicia marcaría los distritos judiciales, en las varias instancias que pudieren tener los negocios.

La *Ley para el arreglo de la administración de justicia en los tribunales y juzgados del fuero común*[147] expedida por Zuloaga estableció en su Artículo 33 los nueve distritos judiciales siguientes:

1. El Distrito del Tribunal Superior de Durango, que comprendía los Departamentos de Durango y Chihuahua.
2. El de Monterrey los Departamentos de Coahuila, Nuevo León y la parte del territorio de Tamaulipas que se comprende en las municipalidades desde Burgos, Cruillas, San Fernando y demás hacia el Norte, hasta la línea divisoria que pertenecía al

---

147 *Ley para el arreglo de la administración de justicia en los Tribunales y Juzgados del Fuero Común*, México, Tip. de A. Boix, á cargo de Miguel de Zornoza, 1858.

juzgado de distrito de Nuevo León, conforme a la Ley de 24 de julio de 1833.[148]

3. El de Zacatecas los Departamentos de Zacatecas y Aguascalientes.

4. El de San Luís Potosí el Departamento de San Luís, el cantón de Tampico el alto del Departamento de Veracruz y la parte del de Tamaulipas que no estaba asignada al de Monterrey.

5. El de Guadalajara los Departamentos de Jalisco, Sonora, Sinaloa y los territorios de Californias y Colima.

6. El de Guanajuato los Departamentos de Michoacán, Querétaro, Guanajuato, el territorio de la Sierra Gorda y el de Maravatío.

7. El de Toluca los Departamentos de México, Guerrero, el territorio de Tlaxcala y el de Iturbide.

8. El de Puebla los Departamentos de Puebla, Oaxaca, el territorio de Tehuantepec y los partidos de Córdoba y Orizaba del Departamento de Veracruz.

9. El de Jalapa el resto del Departamento de Veracruz y los de Yucatán, Tabasco, Chiapas y el territorio de la Isla del Carmen.

En cada Departamento habría un Gobernador, que sería el Jefe

---

148   Se trata de la *Circular de la Secretaría de Justicia de 24 de julio de 1833 que contiene el decreto de igual fecha sobre Juzgados de distrito del estado de Nuevo León y el de Tamaulipas,* en Arrillaga, Basilio José, *Recopilación de leyes, decretos, bandos, reglamentos, circulares y providencias de los supremos poderes y otras autoridades de la República Mexicana,* México, Imprenta de A. Boix, á cargo de M. Zornoza, 1834.

Superior del Departamento, sujeto al Gobierno Supremo de la República. Los requisitos para ser Gobernador eran los mismos que se exigían para obtener las plazas del Consejo de Estado, es decir, ser Ciudadano Mexicano en el ejercicio de sus derechos, tener 35 años cumplidos de edad, no haber sido jamás condenado a pena infamante, y disfrutar loable opinión y fama.

El nombramiento de los Gobernadores se haría por el Gobierno Supremo de la República, oyendo la propuesta que en cada caso de vacante se le hiciera por el respectivo Consejo Departamental, y la consulta que sobre ella extendiere el Consejo de Estado.

El Artículo 37 del Estatuto contiene una amplia lista de las facultades correspondientes a los Gobernadores de los Departamentos. Estas son:

1. Publicar, ejecutar y hacer ejecutar las leyes, decretos, órdenes y disposiciones que se les comunicasen por el Gobierno Supremo.
2. Mantener el orden público, proteger las personas y propiedades, y hacer que se respeten por todos las garantías individuales.
3. Vigilar e inspeccionar todos los ramos de la administración en el Territorio de su mando, y los establecimientos que dependan

de los mismos ramos; presidiendo, siempre que lo juzgasen oportuno, las Corporaciones encargadas de ellos.

4. Reprimir todo desacato contra la moral o la decencia pública, y cualquier falta de obediencia a su propia autoridad, usando para ello los medios coercitivos que competían a la potestad administrativa, y sometiendo a la acción de los Tribunales los excesos merecedores de mayor castigo.

5. Cuidar de todo lo concerniente a la sanidad, en la forma que previnieren las leyes y reglamentos; y dictar, en caso de epidemia, las medidas que la necesidad reclamare, dando inmediatamente cuenta al Gobierno Supremo.

6. Suplir el consentimiento para el matrimonio de los menores, en caso de irracional discurso de los padres o tutores.

7. Nombrar los Prefectos de los Distritos en que se dividiera el Departamento, y los demás agentes de la administración, cuyo nombramiento no estuviere cometido a otra autoridad.

8. Aprobar la elección de Subprefectos hecha por los Prefectos.

9. Conceder licencia hasta de dos meses en cada año por motivo justo a los agentes de la administración para separarse de sus destinos; si fuera por mayor tiempo, necesitarían la del Supremo Gobierno.

10. Suspender hasta por dos meses y privar de la mitad de sus sueldos a los funcionarios y empleados de su nombramiento, siempre que por faltas en el servicio, se hubieren hecho

merecedores de tal demostración; dando inmediatamente cuenta documentada al Gobierno Supremo.

11. Remover a los mismos agentes, previa información sumaria y gubernativa, en que serían oídos, y de que se enviaría sin demora copia certificada a la Superioridad.

12. Conceder o negar la autorización necesaria para procesar a los empleados y Corporaciones que dependan de su autoridad, por hechos relativos al ejercicio de sus funciones, dando en caso de negativa cuenta documentada al Gobierno Supremo para la resolución que conveiniere.

13. En tanto de establecían las bases del sistema electoral en la República, nombrar con previo informe de los Prefectos y Subprefectos respectivos, a los individuos que habían de componer los Ayuntamientos y admitir o desechar sus excusas.

14. Suspender o remover en casos graves a los miembros de estos Cuerpos, reemplazándolos con otros.

15. Adicionar, modificar o aprobar con audiencia del Consejo Departamental, los proyectos de ordenanzas municipales; velar sobre la buena inversión de los fondos de los Ayuntamientos; y mandar se expida el finiquito de sus cuentas, o providenciar lo que sobre ellas corresponda, previa la glosa respectiva, y oído el parecer del mismo Consejo.

16. Aprobar los contratos que celebrasen los Ayuntamientos y cualesquiera establecimientos públicos del Departamento, que

dependieran de su autoridad; sin cuyo requisito serían nulos de ningún valor; así como autorizar los gastos extraordinarios que aquellos acuerden, y tengan como destino objetos de utilidad pública.

17. Vigilar la recaudación e inversión de las rentas públicas, ejerciendo respecto de las oficinas de hacienda las funciones que marquen las leyes del ramo.

18. Cuidar de que en todo el Departamento se administrase pronta y buena justicia, excitando al efecto a los Tribunales y juzgados respectivos, mandándoles dar preferencia a los negocios en que estuviere singularmente interesada la causa pública, ordenando se le pasen partes periódicos de su curso, y nombrando visitadores de los juzgados de primera instancia y oficiales públicos de Escribanos, para informarse de su estado, siempre que lo juzgasen conveniente.

19. Nombrar a los jueces letrados de partido, a propuesta en terna del Consejo Departamental, y oyendo el informe que sobre ella le extienda el respectivo Tribunal Superior.

20. Expedir orden por escrito, cuando lo exija la tranquilidad pública, para catear determinadas casas, y para arrestar a cualquier persona, poniéndola dentro de quince días a disposición de la justicia.

21. Instruir, por medio de sus agentes, la información sumaria y gubernativa de los delitos, cuya averiguación se deba a sus

disposiciones, entregando a los Tribunales las personas de los responsables, dentro del término de 15 días.

22. Disponer de la fuerza armada que por las leyes les estuviere inmediatamente sometida, y recabar de la autoridad militar el mayor auxilio que necesiten.

23. Recoger y ordenar todos los datos que sea posible, para formar una estadista exacta del Departamento; haciendo cooperar al mismo objeto a las demás autoridades.

24. Dictar, con anuencia de su Consejo, todas las medidas gubernativas que convinieren, para la conservación y mejora de los establecimientos de instrucción, beneficencia y utilidad pública, las que se dirijan al fomento de la agricultura, minería, artes y comercio, y las que tengan por objeto alguna otra mejora en cualquier ramo, no pudiendo alterar con dichas medidas lo que esté establecido por las leyes, ni imponer nuevos gravámenes a los pueblos del Departamento, si no con la aprobación del Gobierno Supremo.

25. Nombrar y remover libremente al Secretario de su despacho

26. Resolver los demás negocios administrativos que ocurriesen en el Departamento, y que no estuvieran reservados, o no se reservaren en adelante a otra autoridad.

En cada Departamento habría un Consejo Departamental

compuesto de cinco vocales, de los cuales uno sería letrado[149], y los cuatro restantes tomados de las clases de agricultura, el estado eclesiástico, mineros, profesiones literarias, industria fabril, comercio y militar.[150]

El Consejo de cada Departamento sería nombrado por su Gobernador, con aprobación del Presidente de la República. Tocaría a los Consejos Departamentales:

1. Promover ante el Gobierno Supremo de la Nación, y ante el de cada Departamento, cuanto lo estimasen conveniente para el adelanto de la agricultura, la minería, las artes, el Comercio y la instrucción pública en sus respectivas demarcaciones; y para mejorar, bajo todos aspectos, la condición del pueblo por medio del fomento de la industria y la moral.

2. Dar dictamen al Gobernador del Departamento en todos los negocios en que se lo pidiera.

3. Proponer personas al Gobierno Supremo y al del respectivo Departamento, para la provisión de los empleos en que lo mandare la ley.

---

149   El Consejero letrado tenía la obligación de consultar por escrito y bajo su responsabilidad en todos los puntos de ley en que se quiera oír su dictamen por el Gobierno del Departamento.

150   *Estatuto*, Art. 38.

4. Examinar y someter a la aprobación del Gobierno del Departamento los presupuestos de gastos de las municipalidades. Las cuentas que debían éstas producir anualmente, se glosarían conforme a las disposiciones vigentes en cada Departamento.

Siempre que los Consejos Departamentales se dirigieran al Gobierno Supremo, lo harían por conducto de los Gobernadores respectivos.

En todo caso de falta del Gobernador del Departamento, se daría cuenta desde luego al Gobierno Supremo para que proveyera lo conveniente. Entre tanto, desempeñaría la gobernación el Consejero seglar más antiguo, no estimándose tal el Consejero letrado, que debía siempre quedar expedito para el desempeño de sus funciones propias.

Del producto líquido de las contribuciones que se causaren en cada Departamento, se destinaría una parte a cubrir los gastos de su administración interior, incluyéndose en ellos los de la seguridad de caminos y poblaciones; otra parte se aplicaría a las atenciones y responsabilidades generales de la Nación. Las bases de la división se fijarían por una ley, con presencia de las circunstancias peculiares de cada Departamento. En los de frontera, "amenazados de depredaciones de los salvajes"[151], el total de productos se invertirá en su administración y defensa.

Finalmente, el Artículo 46 establecía que si la experiencia mostrare la necesidad o conveniencia de adicionar, corregir o modificar el Estatuto, lo haría el gobierno, oyendo primeramente el dictamen del Consejo de Estado.

V. El Segundo Imperio.

Recordemos que posterior a la Guerra de Reforma o Guerra de los Tres Años se produjo la intervención francesa con la subsecuente implantación del Segundo Imperio Mexicano. El 28 de mayo de 1864 arribaron a Veracruz Maximiliano y Carlota, entrando en la ciudad de México el 12 de junio.

Maximiliano de Habsburgo, quien había ofrecido dar a México un régimen constitucional y establecer instituciones liberales expidió una serie de medidas que confirmaban las Leyes de Reforma. En el ámbito constitucional expidió en el Palacio de Chapultepec el 10 de abril de 1865 el *Estatuto Provisional del*

---

151   *Estatuto*, Art. 45.

Imperio Mexicano[152] que como proyecto de una futura constitución habría de regir el desarrollo del Segundo Imperio.

Como bien señala Jaime del Arenal, no se trata de una Constitución en sentido estricto, "sino más bien de un plan de organización política y administrativa previo a la definitiva que revestiría el imperio cuando se aprobara la Constitución."[153]

El *Estatuto* se divide en 18 títulos y 81 artículos en donde se establecía que la forma de gobierno proclamada por la Nación y aceptada por el Emperador era la monarquía moderada, hereditaria, con un príncipe católico. El imperio se componía por ocho grandes divisiones, divididas en cincuenta departamentos con un prefecto a la cabeza cada uno, estos en distritos con un subprefecto al frente y cada distrito en municipalidades. Se creaban además nueve departamentos ministeriales y un Consejo de Estado, que eran:

Ministro de la Casa Imperial
Ministro de Estado

---

152   Su texto en Felipe TENA RAMÍREZ, *Leyes fundamentales...*, págs. 670-680.

153   ARENAL FENOCHIO, Jaime del, "Estatuto Provisional del Imperio Mexicano, 1865. Marco jurídico", Patricia, Galeana (Coord.), *México y sus constituciones,* México, Fondo de Cultura Económica, Archivo General de la Nación, 1999, pág. 299.

Ministro de Negocios Extranjeros y Marina

Ministro de Gobernación

Ministro de Justicia

Ministro de Instrucción Pública y Cultos

Ministro de Guerra

Ministro de Fomento

Ministro de Hacienda

En cuanto a la administración de justicia, esta sería impartida de acuerdo a la *Ley para la organización de los Tribunales y Juzgados del Imperio* de 18 de diciembre de 1865, que integraba al poder judicial de la siguiente forma[154] :

1.Jueces Municipales.

2.Tribunales Correccionales.

3.Tribunales Colegiados y Juzgados de Primera Instancia

4.Tribunales Superiores

5.Tribunal Supremo

Contempla además al Ministerio Público, como órgano del

---

154   Su texto fue publicado en el *Boletín de las Leyes* , número 10, diciembre 18 de 1865, págs. 513-540.   También en *Colección de leyes, decretos y reglamentos que internamente forman el sistema político, administrativo y judicial del Imperio.*   Imprenta de Andrade y Escalante, México, 1865, tomo 7.

gobierno y de la sociedad, así como a Jueces Privativos de hacienda pública y Tribunales Mercantiles.

Se crea también un Tribunal de Cuentas para el examen y liquidación de las cuentas de todas las oficinas de la Nación.

El título XV trata de las garantías individuales, siendo estas las de igualdad ante la ley, seguridad personal, propiedad, ejercicio de la libertad de culto, e imprenta. Igualmente se garantizaba que las aprehensiones debían ser hechas por autoridades competentes y mediante mandato escrito y firmado. Las garantias individuales serían desarrolladas mediante una ley especial.

El Estatuto fue el reflejo de la preocupación por consolidar jurídicamente al Imperio, "lo que importaba entonces no era tanto como contar con una Constitución, sino tener una base legal que permitiera y facultara la ordenación de la vida política, administrativa y judicial."[155]

El Estatuto tuvo vigencia práctica y validéz jurídica, lo primero por que que fue la base para la promulgación de diversas leyes que tuvieron plena vigencia en el Imperio, lo segundo porque

---

155   ARENAL FENOCHIO, Jaime del, "Estatuto...", pág. 306.

se le reconoció esa validéz jurídica tanto por autoridades como por los "miles de habitantes que aceptaron la forma monárquica de gobierno que este sancionaba."[156]

VI. La prerevolución.

Hacia 1903 se hicieron los preparativos para la que sería la sexta reelección de Díaz para el periodo 1904-1910. Porfirio Díaz que contaba ya con 73 años de edad accedió a la creación de la vicepresidencia, que pasó a ocuparla Ramón Corral en 1904, para el caso de que si falleciere Díaz hubiera alguien que llenara el vacío presidencial. En 1908 Díaz declaró ante el periodista estadounidense Creelman que tenía el firme deseo de separarse de la Presidencia de la República y que miraría como una bendición el surgimiento de un partido de oposición. Así, se pensó en Bernardo Reyes como candidato presidencial, sin embargo éste no aceptó la candidatura y Díaz le dió una comisión en el exterior. Entonces surgió Francisco I. Madero que en ese año publicó su libro *La sucesión presidencial en 1910.* Madero proponía la organización de un partido cuyo objetivo sería alcanzar la libertad del sufragio y la no reelección.

---

156   *Ibidem,* pág. 313.

El gobierno postuló a Díaz y a Corral para la presidencia y vicepresidencia de la República en el periodo que iniciaría en 1910. Por su parte Madero fue postulado junto con Vázquez Gómez. Sin embargo, los resultados de las elecciones fueron totalmente favorables a Díaz y Madero fue aprehendido y llevado a San Luis Potosí. Después de algunos días fue puesto en libertad y escapó de la vigilancia del gobierno para refugiarse en los Estados Unidos.[157]

VII. La fase preconstitucional.

La revolución se inició con el *Plan de San Luis*[158] de 5 de octubre de 1910, que señaló las seis de la tarde del 20 de noviembre de 1910 para el levantamiento. Pocos meses después, en mayo de 1911 Díaz partió de Veracruz, después de que Madero fuese aclamado en la capital.

Las lagunas dejadas por el movimiento de Madero buscaron ser llenadas con nuevos movimientos como el de Emiliano Zapata en el estado de Morelos, quien expide el *Plan de Ayala* el 28 de

---

157   Emilio RABASA, *La evolución histórica de México.* Librería de la viuda de Ch. Bouret, México, 1920, págs. 205-213.

158   Su texto en Felipe TENA RAMÍREZ, *Leyes fundamentales...*, págs. 732-739.

noviembre de 1911[159] , en Villa de Ayala, Morelos, con el lema: "Reforma, Libertad, Justicia y Ley", suscrito por los generales Emiliano y Eufemio Zapata, Otilio E. Montaño, Jesús Morales, Próculo Capistrán y Francisco Mendoza, así como otros militares. El plan trata la restitución de los terrenos, montes y aguas a los ciudadanos y pueblos cuando éstos comprueben su calidad de propietarios con los títulos correspondientes. Establece además las bases para dotar de tierras, montes y aguas a los ciudadanos y pueblos, para lo cual se expropiará, previa indemnización, una tercera parte de los monopolios a los propietarios, para entregárselas a ciudadanos y poblaciones con el objetivo de crear ejidos, colonias, fundos legales y campos de sembradura o de labor.

Aquellos hacendados, científicos y caciques que se opusieran al *Plan de Ayala* se les sancionaría con la nacionalización de las dos terceras partes que les correspondían de sus tierras, montes y aguas, destinándolas a cubrir las indemnizaciones de los adeudos, caídos en la defensa del *Plan*.

En el norte de la República se alzaron Orozco, y le siguieron Félix Díaz y Bernardo Reyes.

---

159   Su texto en Felipe TENA RAMÍREZ, *Leyes fundamentales...*, págs. 740-743.

En 1913 con el movimiento de La Ciudadela encabezado por el general Manuel Mondragón se llevó a Victoriano Huerta al poder después de la renuncia y muerte de Madero y José María Pino Suárez. Ante esta nueva situación Venustiano Carranza, Gobernador de Coahuila se pronunció el 19 de febrero de 1913 desconociendo a Huerta. A Carranza se unió el Gobernador de Sonora, iniciándose la etapa *Constitucionalista* de la Revolución, que pretendía restaurar la vigencia de la Constitución de 1857. Expiden el *Plan de Guadalupe*[160] en la hacienda de Guadalupe, Coahuila, signado por distinguidos militares como Jacinto B.Treviño y Lucio Blanco. A partir de entonces, Carranza quedará a cargo de la legitimidad constitucional, que ejercería como Presidente Interino de la República y al frente del ejército constitucionalista.

El Plan compuesto por siete artículos, trata el desconocimiento del general Victoriano Huerta, de los Poderes Legislativo y Judicial, de los Gobiernos de los estados fieles al usurpador, de la designación de Carranza como Primer Jefe del Ejército Constitucionalista y Presidente Interino de la República, y de la convocatoria de elecciones generales una vez logrado el restablecimiento de la paz.

Victoriano Huerta fue derrocado el 13 de agosto de 1914 con

---

160   Su texto en Felipe TENA RAMÍREZ, *Leyes fundamentales...*, págs. 744-745.

los *Tratados de Teoloyucan*, entregándose la capital al Ejército Constitucionalista y disolviéndose el Ejército Federal.

Tiempo antes de los tratados, se habían reunido los representantes de las divisiones del Norte y del Nordeste en Torreón para terminar con las dificultades surgidas entre éstos y Carranza. De estas reuniones resultó el *Pacto de Torreón* que limitaba, a título de modificaciones al *Plan de Guadalupe* los poderes del Carranza y contemplaba varias medidas en beneficio de los obreros y campesinos, mediante el repartimiento de tierras. Este Plan lo firmaron José Isabel Robles, Miguel Silva, Manuel Bonilla y Roque Goinzález Garza por la División del Norte, por la del Nordeste Antonio I. Villarreal, Cesáreo Castro, Luis Caballero y Ernesto Meade Fierro.[161]

Carranza no aceptó el *Plan de Torreón*, sin embargo derivada de este Plan fue la *Convención de Aguascalientes* de jefes militares inaugurada en la Ciudad de México el 14 de octubre y trasladada por Carranza a Aguascalientes. La Convención actuó en distintos lugares con diferentes titulares del Poder Ejecutivo y en Cuernavaca preparó el programa revolucionario que se firmó posteriormente en Toluca el 24 de agosto con diversas reformas políticas y sociales. Más adelante

---

161   Felipe TENA RAMÍREZ, *Leyes fundamentales...*, pág. 807.

la Soberana Convención Revolucionaria integrada fundamentalmente por zapatistas expidió en Jojutla el 18 de abril de 1916 el *Programa de Reformas Político-Sociales*, ampliación del de Toluca.

Por su parte Carranza, ya separado de la Convención de Aguascalientes inició su programa de reformas en Veracruz, el 12 de diciembre de 1914 adicionando el *Plan de Guadalupe* con el lema "Constitución y Reforma", y una idea de conciliación de las diferentes facciones de la Revolución. Se consideraba necesaria la unificación de los diferentes grupos (Zapata , Orosco, Villa y la Convención) para que el gobierno provisional de Carranza pudiera cumplir con el programa de la Revolución. De ahí las críticas a la actitud del general Villa, que impedía el establecimiento de un gobierno preconstitucional.

El Plan proponía la restitución de las tierras a los pueblos que fueron privados de éstas, la disolución de los latifundios y la formación de la pequeña propiedad mediante leyes agrarias. Se proponía además la reforma a la legislación civil, penal y mercantil; al procedimiento judicial, leyes de aguas, minas y la garantía de 1 pleno goce de los derechos ciudadanos e igualdad ante la ley.

En ejecución del plan de reformas, Venustiano Carranza expidió en Veracruz la *Ley del Municipio Libre*, la *Ley del Divorcio* de

25 de diciembre de 1914, la *Ley Agraria* y la *Ley Obrera* de 6 de enero de 1915 obra de Luis Cabrera, reformó el *Código Civil* el 29 de enero de 1915 y expidió el decreto por el que quedaron abolidas las tiendas de raya el 22 de junio de 1915.[162]

Una vez reducidos los villistas y los zapatistas en 1916, Carranza expidió el 14 de septiembre de 1916 el decreto por el que reformaba el *Plan de Guadalupe* convocando a elecciones para un Congreso Constituyente que reformaría la Constitución vigente, integrado por representates de los estados en proporción a la población, de acuerdo a la Constitución de 1857.

El Congreso Constituyente se instaló en la ciudad de Querétaro y dió inicio a las juntas preparatorias el 21 de noviembre de 1916.[163] El 1º de diciembre Carranza entregó su *Proyecto de Constitución Reformada*. La Comisión de Constitución estaba integrada por Enrique Colunga, Francisco J. Múgica, Luis G. Monzón, Enrique Recio y Alberto Román, auxiliada por una segunda comisión con los señores Paulino Machorro Narváez, Hilario Medina, Artur Méndez, Heriberto Jara y Agustín Garza González.

---

162   Su texto en Angel CASO, *Derecho agrario. Historia, derecho positivo, antología.* Ed. Porrúa, México, 1950, págs. 496-497.

163   Felipe TENA RAMÍREZ, *Leyes fundamentales...*, pág. 811.

El Proyecto del Primer Jefe fue sometido a estudio y debate, aceptándose, modificándose o adicionándose en sus contenidos. El Constituyente de Querétaro se encargó de incluir importantes reformas en materia laboral y agraria que no se quisieron dejar a las leyes secundarias. Las modificaciones fueron suficientes para que el proyecto de reformas se convirtiera en una nueva Constitución.

Fue el 31 de enero de 1917 que se firmó la Constitución, rindiéndose la protesta de guardarla por la tarde tanto los diputados como el Primer Jefe. Si bien siempre se había hablado de reformar la Constitución de 1857 y en esos términos estaba la autorización del Congreso de Querétaro, de hecho se había expedido un nuevo texto constitucional, por lo que se le llamó *Constitución Política de los Estados Unidos Mexicanos, que reforma la de 5 de febrero de 1857*.

O DIREITO DOS ESTADOS UNIDOS DA AMÉRICA E A CONSTRUÇAO DO CONSTITUCIONALISMO NORTEAMERICANO

Armindo António Lopes Ribeiro Mendes

O DIREITO DOS ESTADOS UNIDOS DA AMÉRICA E A CONSTRUÇAO DO CONSTITUCIONALISMO NORTEAMERICANO

Armindo António Lopes Ribeiro Mendes[*]

I.- Evolução histórica. O direito das colónias inglesas e a proclamação da independência

É conhecida a evolução histórica que culminou na independência dos Estados Unidos da América. Em Dezembro de 1606, uma sociedade inglesa de capitais dedicada à actividade de emigração transportou para a costa leste da América cerca de uma centena de pessoas para pesquisar ouro e pedras preciosas. Estes colonos fundaram Jamestown na Virgínia.

Nos anos subsequentes, as lutas religiosas em Inglaterra levaram comunidades puritanas a emigrar para os Países Baixos (Leiden) e, depois,

---

[*]Licenciado e Mestre em Direito pela Faculdade de Direito da Universidade de Lisboa. Docente . Profesor de Direito das Obrigações; Processo Civil I, II e III; Direito Comparado). Advogado. Director de Contencioso de uma Instituição de Crédito (1983-1989). Antigo Juiz do Tribunal Constitucional (1989-1998). Membro de Conselho Superior da Magistratura desde 2000 a 2005. Membro cooptado do Conselho Superior da Ordem dos Advogados

para a América do Norte. Em 1620 chegaram a nova Plymouth os Pilgrim Fathers. Segue-se a colonização de Massachussets e a fundação de Boston. Colonos holandeses fundam em 1624 a Nova Amsterdão no zona da actual Manhattan (N. York), cidade que passou para o domínio inglês em 1664. No final do século XVII, já viviam na costa leste da América cerca de 250.000 europeus, além de numerosos escravos negros.

O rei de Inglaterra havia cedido direitos de soberania sobre as várias colónias a favor de sociedade comerciais, mantendo a prerrogativa de controlo da paz nessa colónias. Os procuradores dessas sociedades capitalistas mantinham-se em Londres, delegando poderes nos governadores.

No século XVII, a Inglaterra vai aumentar o seu poder político e militar na Nova Inglaterra, dentro de uma estratégia de contenção da colonização francesa nos territórios vizinhos do Canadá e da zona dos Grandes Lagos. Parte da Nova Inglaterra chega a ser conquistada por um francês, IBERVILLE, mas a Inglaterra acaba por conquistar parte dos territórios franceses, reprimindo os Índios que se tinham aliado aos franceses. Em 1759, WOLF conquista a cidadela de Quebec e, no ano seguinte, Montreal, contando para tal com o apoio das milícias de colonos da América.

O espírito independentista começa a afirmar-se com maior pujança

2003/2005. Professor Convidado da Faculdade Direito da Universidade Nova de Lisboa (2003/2004; 2004/2005; Regência de Sistemas Jurídicos Comparados).

nomeadamente quando a Inglaterra lança impostos sobre os colonos para pagar os gastos das guerras europeias. Em 1764, os colonos opõem-se ao S*ugar Act*, sustentando o jurista SAMUEL ADAMS que não era possível que o Parlamento em Londres lançasse impostos sobre as 13 colónias norte-americanas, que nele não estavam representadas: *"no taxation without representation"*. Em 1765 são promulgadas leis odiosas: o *Currency Act* (introdução do papel moeda), o *Billeting Act* (lei que obrigava os cidadãos a criar, nas suas localidades, aquartelamentos para os soldados ingleses) e o *Stamp Act* (imposto de selo). Apesar do recuo britânico em 1766, suprimindo as leis mais odiosas, juntam-se várias associações de *"Filhos da Liberdade"*.

Mas logo de seguida o Chanceler inglês TOWNSHEND fez aprovar nova Lei das Finanças altamente gravosa para os colonos, o que desencadeou um boicote à compra de mercadorias inglesas. A Inglaterra envia para Boston 2 regimentos de mercenários alemães (Os Hessianos, de Hesse). Em 5 de Março de 1770 abrem-se hostilidades, na sequência de mortes causadas por disparos de soldados ingleses em Boston (Massacre de Boston).

TOWNSHEND suspende todos os impostos sobre o chá, para salvar a face do Monarca britânico (JORGE III).

Em 1773, os colonos de Boston organizam uma expedição punitiva contra os barcos da *East India Company,* por causa da política de preços do chá. Em Setembro de 1774, reúne-se em Filadelfia uma assembleia de representantes das colónias, com excepção da Geórgia. O congresso adopta uma Declaração de *Rights and Grievances*. Em 1775 estala a guerra civil, após as escaramuças de Lexington, entre soldados ingleses de THOMAS GAGE e os *Minutemen* revolucionários.

Em 10 de Maio de 1775, o Segundo Congresso Continental nomeava GEORGE WASHINGTON comandante-chefe das tropas americanas.Em 4 de Julho de 1776 era ratificada a Declaração de Independência elaborada por THOMAS JEFFERSON:

"Temos por luminosas as seguintes verdades: que todos os homens nascem livres e iguais em direitos concedidos pelo Criador, como a vida, a liberdade e a busca da felicidade; que os Governos se estabeleceram entre os homens para as garantias desses direitos e que recebem plenos poderes por intermédio do voto das populações que governam; e que, na hipótese de uma forma de governo ameaçar este objectivos, o povo tem o direito de modificá-la ou suprimi-la..."

A Guerra da Independência arrasta-se de 1776 a 1783, vindo a paz a ser assinada neste ano, após a derrota britânica em Yorktown (1781).

Em 1787, as treze colónias libertas elaboram, através de representantes reunidos em Filadélfia, a Constituição dos Estados Unidos, de concepção federalista. Em 1791, são votados os 10 artigos da *Bill of Rights*, que constituem a Declaração dos Direitos do Homem (dez Emendas ou

Aditamentos).

Em 1789 é eleito o primeiro presidente dos Estados Unidos, GEORGE WASHINGTON, reeleito em 1793. A Jovem Nação vai acompanhar o desenrolar da Revolução Francesa. Os secretários de Estado do primeiro Governo de WASHINGTON, JEFFERSON e JOHN ADAMS vão organizar as novas instituições políticas. No segundo mandato de WASHINGTON aparecem os dois partidos rivais, republicano e democrata..

No que toca ao direito das colónias, esse direito era o direito da common law, com preponderante influência inglesa. As obras de WILLIAM BLACKSTONE gozavam de grande popularidade entre os juristas coloniais, nos últimos anos do domínio inglês (foram editados na América em 1771-1772).

Em Inglaterra, não se duvidava que o direito inglês fosse aplicável aos colonos de origem inglesa (*Calvin's case*, julgado em 1608).

Em todo o caso, o próprio processo de colonização – que se estendeu por mais de 160 anos – permitiu às colónias fundadoras uma apreciável liberdade que se traduziu numa elevada medida de *self-government*. As cartas outorgadas pelo Rei às companhias promotoras da instalação de colonos estabeleciam que as leis aprovadas nas colónias não podiam ser contrárias (*contrary* ou *repugnant*) às leis, regulamentos e costumes do reino de Inglaterra:

"Nada nessas cartas obrigava os colonos a adoptar os princípios do direito inglês e, em especial, o sistema da *common law*. De facto, como esse sistema era o mais familiar e o mais bem conhecido daqueles, de entre os colonos, que tinham conhecimento do direito, era ele que era aplicado nos novos territórios. Mas a *common law* aplicou-se sempre nas colónias salvo se as condições locais constituíssem obstáculo, e os colonos afastaram livremente as regras do direito inglês que consideravam inoportunas, inadaptadas ou contrárias aos seus interesses ou às suas convicções.

O direito das colónias foi assim marcado por um espírito reformista.

Os colonos tinham deixado a Inglaterra ou porque eram aí perseguidos, ou porque não podiam aí fazer fortuna como desejavam. Por isso, recusaram tanto a severidade das leis penais inglesas em matéria de religião como as relíquias feudais das velhas regras de direito civil respeitantes ao direito de propriedade e ao direito das sucessões. O resultado foi o de que, se é certo que a *common law* deixou uma forte marca sobre o direito dos Estados Unidos, foi mais no que toca à mentalidade que ela veicula (preferência pela flexibilidade do direito dito pelo juiz, rejeição da rigidez do direito editado pelo códigos) ou às técnicas que ela utiliza (culto do processo acusatório na qual as partes estabelecem os factos por confrontação entre elas perante um júri, rejeição de todo e qualquer elemento do processo inquisitório) do que no que diz respeito às regras de fundo que tinham sido extraídas pelos juízes ingleses durante vários séculos e que nem sempre convinham às necessidades dos colonos" (ÉLISABETH ZOLLER, *Le Droit des États-Unis*, Paris, Puf, 2001, págs. 9-10).

II-O debate sobre o direito a adoptar e o triunfo da *common law*

A Constituição norte-americana vigora há mais de dois séculos e revestiu-se de uma importância fundamental no moldar dos diferentes ordenamentos jurídicos que existem no território dos Estados Unidos da América: ordenamentos dos 50 Estados federados da União, mais o ordenamento federal:

"A Constituição dos E.U.A. (...) reflectiu duas preocupações urgentes. A primeira foi a de substituir as funções (e órgãos) de integração especialmente em questões de comércio e de defesa que tinham anteriormente sido facultadas pela Coroa Britânica por algo mais vinculativo do que os arranjos constantes dos Artigos da Confederação. A segunda foi garantir aos cidadãos a limitação do poder político (*government*) e as liberdades da *common law* pelas quais os colonos se tinham revoltado. Tanto quanto respeita à primeira preocupação o problema era visto como o de conseguir sobrepor um governo federal a treze Estados recém-criados e florescentes, cada um com a sua constituição, com um sistema jurídico e instituições políticas. É por isso que a Constituição se dedica quase exclusivamente à nova estrutura (*machinery*) federal e aos seus poderes e quase nada diz sobre a forma de governo do Estado excepto que tem de ser «republicano», e nada diz sobre os seus poderes de obtenção de receitas ou de governo local" (S.E. FINER, *Five Constitutions. Contrasts and Comparisons,* Londres, Penguin Books, 1979, pág. 22).

Na altura da independência, o exemplo francês, conhecido através da realidade de Luisiana e do conhecimento teórico dos federalistas que pontificavam nos meios independentistas, inspirava a solução a adoptar: na sequência de uma constituição federal escrita, passar-se-ia para a adopção de códigos de tipo francês. Aliás, em 1808, logo após a independência, a Luisiana aprovou um *Code civil.* Em 1811, BENTHAM ofereceu-se ao Presidente MADISON para preparar um código para os Estados Unidos. Escrevem RENÉ DAVID e CAMILLE JAUFFRET-SPINOSI: "Assim, até meados do século XIX, era possível hesitar-se sobre o resultado da luta que estava a travar-se na América entre os apoiantes da *common law* e os defensores da codificação. Uma Comissão legislativa pediu em 1836, no Massachussetts, a redacção de um código; a Constituição do Estado de Nova York, em 1846, prevê a redacção de um código escrito e sistemático que englobe a totalidade do direito do Estado; em 1856, ainda o historiador do direito inglês Sir HENRY MAINE previa a ligação dos Estados Unidos ao sistema romano-germânico.

Vários acontecimentos pareciam anunciar, ou favorecer, essa conversão; diversos Estados, no período subsequente à independência, proibiram a citação de decisões inglesas proferidas depois de 1776; foram anexados numerosos territórios onde se aplicava, ao menos em teoria, o direito francês ou o espanhol e em que, em qualquer caso, não existia tradição da *common law*; a América recebia uma multidão de novos imigrantes, vindos de países em que era desconhecida a *common law* ou em que, se se pensar nos Irlandeses, o que era de origem inglesa era detestado; POTHIER e DOMAT foram traduzidos em inglês nos Estados Unidos; um movimento poderoso, simbolizado em Nova York pelo nome de DAVID DUDLEY FIELD, reclamava a codificação do direito americano e conseguiu que fossem adoptados em numerosos Estados códigos de processo civil e de processo penal e códigos penais." (*Les Grands Systèmes* cit., pág. 305).

Todavia, apesar destes indícios e destas movimentações, os Estados Unidos da América permanecem fiéis aos quadros da *common law*, o que era facilitado pela utilização exclusiva do inglês como língua de cada um dos Estados federados. Só o território de Nova Orleães, na Luisiana, constituiu excepção, aliás progressivamente menos significativa.

O Texas em 1840 e a Califórnia em 1850 adoptam a common law, não obstante o peso da tradição hispânica . Os grandes comentadores norte-americanos do século XIX, KENT e STORY, são juristas formados nos quadros da common law.

Após a Guerra da Secessão (1861-1865), proliferam as novas *Law Schools* onde se ensina o direito da *common law*.

Simplesmente, o debate havido entre os defensores da *common law* e da *civil law* não foi estéril, contribuindo para as peculiares características da *common law* norte-americana.

Escreve DAVID S. CLARK: *"E pluribus unum,* a divisa dos Estados Unidos adoptada pelo Congresso em 1782, e que se encontra no reverso de todas as suas moedas, sintetiza o desafio central que enfrenta o sistema jurídico americano."* Ao tempo da Revolução, os colonos tinham chegado de muitas partes da Europa. Havia cerca de meio milhão de escravos negros nas colónias do sul. Claro que os nativos americanos já habitavam o continente. Cada grupo tinha as suas próprias cultura, religião, língua e instituições. Apesar desta diversidade rica, nas colónias que se revoltaram contra a Grã-Bretanha, o inglês era a língua dominante.Com o inglês veio a tradição da *common law*, especialmente no que respeita ao direito privado. Mas os Americanos fizeram uma escolha entre as instituições jurídicas inglesas e decidiram o que deviam manter por ser adequado às suas novas condições políticas e sociais. Rejeitaram, por exemplo, o Parlamento, a divisão entre *barristers* e s*olicitors* e a doutrina da primogenitura. Conservaram, por outro lado, o júri, a divisão entre *law* e *equity,* e o estilo inglês de pensamento e argumentação jurídicos.

Consequentemente, a tradição da *common law* forneceu uma medida de unidade através de toda esta nova Nação. À medida que eram admitidos na União novos Estados, cada um (excepto a Luisiana) aceitava a *common law.*

O federalismo, tal como foi adoptado na Constituição, foi outro mecanismo utilizado para conseguir um grau de unidade a partir da diversidade. (...) O Congresso dos E.U.A. tem competência legislativa só em certas matérias limitadas, mas estas cobrem as questões cruciais do poder político nacional: imigração e cidadania, impostos e outras receitas públicas (excises), moeda, falências, patentes e propriedade literária, pesos e medidas, negócios estrangeiros, forças armadas, direito marítimo e a regulação do comércio internacional e interestadual. As matérias jurídicas sobrantes foram deixadas para os Estados, que podiam regular, na sua diversidade, a maior parte do direito privado, como entendessem" (*The American Legal System and Legal Culture, in Introduction to the Law of the United States*, ob. colectiva editada por DAVID S. CLARK e TUGRUL ANSAY, Kulwer Law International, Haia, Londres e Nova York, 2002, págs. 5 e 6).

Uma discussão clássica nos Estados Unidos foi a de saber se havia uma common law federal.

Em 1789, no *Judiciary Act* estabelecia-se que, nas jurisdições federais, se deviam aplicar as leis ("*law*") de um Estado determinado, quanto a matérias não abrangidas por uma lei federal. Tal Estado federado seria o que fosse designado pela lei de conflitos em vigor no lugar onde tivesse sido proposta a acção perante o tribunal federal. O sentido da lei apontava para a aplicação, nos casos comuns, de uma lei estadual. A discussão interpretativa veio a estabelecer-se sobre se a expressão *law* abrangia só a *statute law* desse Estado ou todo o direito do mesmo (incluindo a *common law*). Houve, por isso, quem sustentasse que, na ausência da lei escrita (*statute law*), os tribunais federais deveriam encontrar regras de uma *common law* federal.

Assim, no caso *Swift v. Tyson* (1842), o Tribunal Supremo considerou que os tribunais federais podiam decidir segundo uma *general common law*, não tendo de atender à *common law* do Estado de Nova York numa questão de direito cambiário (oponibilidade de excepções ao portador de uma letra de câmbio).

Prevaleceu, assim, o entendimento de célebre juiz STORY.

Todavia, esta solução foi sempre muito criticada, nomeadamente por admitir multiplicidade de soluções para casos idênticos e possibilitar fraudes na escolha do tribunal federal onde iria ser posta a acção (o chamado f*orum shopping*). Também no plano constitucional, a solução de 1842 levantava problemas sobre a melhor interpretação da norma constitucional sobre competências jurisdicionais.

Em 1938, no caso *Erie Railroad Corporation v. Tompkins,* o Supremo Tribunal Federal considerou que não se podia recorrer a uma noção de *common law* federal ou comum. Tratava-se de um acidente provocado por um comboio de uma companhia de caminho de ferros incorporada no Estado de Nova York, quando uma porta aberta de uma carruagem atingiu e feriu uma pessoa, TOMPKINS, que circulava ao longo da via férrea de noite, no

Estado da Pensilvânia. O ferido demandou a Companhia numa jurisdição federal, sustentando que não havia lei escrita no Estado do acidente e que não se aplicava a solução da *common law* da Pensilvânia que considerava como *trespasser* quem circulava ao longo da via férrea, terreno privado, razão por que não haveria nesse caso responsabilidade, salvo em caso de dolo.

As instâncias deram razão a TOMPKINS, mas no recurso triunfou a tese da companhia demandada, afirmando o Supremo Tribunal, pela voz do juiz BRANDEIS, que *"There is no federal general common law"* ("salvo nas matérias reguladas pela Constituição federal ou pelas leis do Congresso, o direito que deve ser aplicado em todos os litígios é o direito do Estado concreto em causa.

Que o direito desse Estado tenha sido formulado pelo seu órgão legislativo através de uma lei escrita ou pelo seu Tribunal Supremo numa decisão, é questão que não diz respeito às autoridades federais. Não há *common law* federal geral"). Esta jurisprudência mantém-se até ao presente.

III-A Constituição e a estrutura federal. Repartição das competências entre a União e os Estados federados

Como se viu, a Constituição federal de 1787 foi aprovada pelos representantes dos colonos revoltosos, os quais tinham desenvolvido os estudos do federalismo, muitos deles publicados no *Federalist*, avultando os de ALEXANDER HAMILTON, que se opunha ao republicano THOMAS JEFFERSON.

"NÓS O POVO dos Estados Unidos, em ordem a formar uma União perfeita, a estabelecer a justiça, a assegurar a tranquilidade doméstica, a providenciar pela defesa comum, a promover o Bem-Estar e manter as Bençãos da Liberdade para nós e a nossa Posteridade, ordenamos e estabelecemos esta Constituição para os Estados Unidos da América." (preâmbulo da Constituição).

O Artigo I é consagrado ao Poder Legislativo, prevendo-se um sistema bi-camaral (Câmara dos Representantes e Senado, hoje composto este por 2 senadores escolhidos por cada Estado da Federação); o Artigo II trata do Poder Executivo, investido num presidente eleito para um mandato de quatro anos, sendo a eleição assegurada por um Colégio eleitoral de Grandes Eleitores. O Artigo III trata do Poder Judicial. O Artigo III, 1 dispõe: "O Poder Judicial dos Estados Unidos incumbirá a um Supremo Tribunal e a tribunais inferiores que o Congresso vier a ordenar e estabelecer de tempos a tempos.

Os juízes, quer do Supremo Tribunal, quer dos Tribunais inferiores, conservarão os seus cargos enquanto tiverem Bom Comportamento (during Good Behavior) e receberão, no tempo estabelecido, uma compensação pelos seus serviços, que não poderá ser diminuída durante a sua manutenção no cargo."

O número (section) subsequente deste artigo diz que o "Poder Judicial se estenderá a todos os Casos, in law and equity, que surjam no âmbito da Constituição, das Leis dos Estados Unidos e dos tratados celebrados ou que sejam feitos sob a sua Autoridade (...)"

A Constituição tem apenas sete artigos, prevendo o art. V o processo de revisão constitucional (aprovação dos aditamentos ou emendas por maioria de dois terços em ambas as Câmaras ou de proposta dos órgãos legislativos dos Estados, por idêntica maioria, sendo necessária a ratificação por três quartos dos Estados ou por convenções por idêntica maioria, quando a proposta de aditamento provier das legislaturas dos Estados).

Como se sabe, a Declaration of Rights incorpora os dez primeiros Aditamentos ou Emendas constitucionais votadas em 1791, valendo a pena pôr em relevo os seguintes Aditamentos:

ARTIGO I

"É vedado ao Congresso estabelecer qualquer religião do Estado ou proibir o livre exercício de qualquer culto e restringir a liberdade de palavra e de imprensa, o direito dos cidadãos de se reunirem pacificamente e de apresentarem petições ao Governo para reparação de injustiças".

ARTIGO II

"Considerando que uma milícia bem organizada é necessária à segurança de um Estado livre, será reconhecido o direito dos cidadãos ao uso e porte de armas."

ARTIGO IV

"Será garantido o direito dos cidadãos à segurança das suas pessoas, domicílio, documentos e bens contra buscas, detenções e apreensões arbitrárias, não podendo ser passadas, sem razão plausível apoiada em juramento ou compromisso de honra, ordens de busca, detenção, ou apreensão que não especifiquem o local, as pessoas ou as coisas em que recaem."

ARTIGO VII

"Nos litígios de common law em que o valor da acção exceder vinte dólares, manter-se-á o direito a julgamento por júri e nenhum facto julgado pelo júri voltará a ser apreciado por tribunal algum dos Estados Unidos senão em conformidade com as regras da common law."

ARTIGO VIII

"Não serão exigidas cauções demasiado elevadas, nem aplicadas multas excessivas, nem infligidas penas cruéis ou aberrantes."

ARTIGO IX

"A especificação de certos direitos pela Constituição não significa que fiquem excluídos ou desprezados outros direitos até agora possuídos pelo povo."

ARTIGO X

"Pertencem aos Estados respectivamente ou ao povo os poderes que não sejam delegados pela Constituição à União ou cujo exercício não lhes seja proibido" (tradução de JORGE MIRANDA, in Constituições de Diversos Países, Vol. I, 3.ª ed., Lisboa, INCM, 1986, págs. 352-354).

Os Aditamentos subsequentes foram aprovados ao longo dos anos, desde 1795 (o 11.º Aditamento) a 1971 (o 26.º Aditamento). A abolição da escravatura consta do 13.º Aditamento (ratificado em 1865). O 15.º Aditamento, de 1870, prevê o principio da não discriminação em função da raça:

ARTIGO XV

"Secção I – Nenhum cidadão dos Estados Unidos poderá ser privado do direito de voto pela União ou por qualquer Estado com fundamento na raça, na cor ou na anterior condição de escravo.

Secção II – Competirá ao Congresso elaborar a legislação adequada à execução deste artigo" (este Aditamento, de 1870, desautorizou a doutrina contrária do Supremo Tribunal que, em 1857, no caso Dred Scott v. Sandford havia negado a um negro a possibilidade de ser cidadão dos EUA, e anulado por inconstitucionalidade uma lei federal que proibia a prática da escravatura a norte do Missouri)."

Em 1920, foi ratificado o princípio da igualdade dos sexos quanto ao exercício do direito de voto:

ARTIGO XIX

"Secção I – Nenhum cidadão dos Estados Unidos poderá ser privado do direito de votopela União ou por qualquer Estado com fundamento no seu sexo.

Secção II – Lei especial do Congresso regulamentará este artigo."

O último Aditamento (26.º Aditamento), aprovado em 23 de Março de 1971 e ratificado em 30 de Junho de 1971, prevê a concessão do direito de sufrágio aos maiores de 18 anos, quer no que toca à União, quer no que toca aos Estados.

Um caso interessante foi o do Aditamento respeitante à proibição de fabrico, comércio e venda de bebidas alcoólicas (também chamado "Lei Seca").

Através do Artigo XVIII (aprovado em 17 de Dezembro de 1917 e só ratificado em 29 de Janeiro de 1919), ficou estabelecido que, a contar de um ano após a ratificação do mesmo artigo, ficariam "proibidos o fabrico, a venda e o transporte de bebidas alcoólicas nos Estados Unidos e em todos os territórios sujeitos à sua jurisdição, bem como a importação e a exportação das mesmas bebidas". (Secção I).

São conhecidas as vicissitudes da aplicação da "Lei Seca" e o modo como cresceram as associações criminosas que se dedicavam à exploração do álcool e de outros negócios conexos. As consequências nefastas da proibição, nomeadamente o crescimento do gangsterismo, levaram a que fosse revogado o 18.º Aditamento (Artigo XXI, aprovado em 20 de Fevereiro de 1933 e ratificado em 5 de Dezembro do mesmo ano).

Já atrás se referiu que a competência legislativa – regra é a dos Estados federados, tendo a União uma competência restrita, prevista na Constituição.

Segundo a Secção 8.ª do Artigo I da Constituição, compete ao congresso da União; entre outros poderes:

1. aprovar e cobrar as taxas, direitos alfandegários, impostos e sisas, (taxes, duties, impots and excises),

2. pagar as dívidas e prover à defesa comum e bem-estar geral dos Estados Unidos, devendo os direitos alfandegários e as sisas serem uniformes para todos os Estados Unidos;

3. contrair empréstimos em nome dos Estados Unidos;

4. regulamentar o comércio com nações estrangeiras, entre os vários

Estados e com as tribos índias;

5. estabelecer um regime uniforme de naturalização e legislação uniforme em matéria de falências;

6. cunhar moeda, regular o seu valor, assim como o das moedas estrangeiras, e fixar o padrão de pesos e medidas;

7. cominar as penas por falsificação de títulos públicos ou de moeda dos E.U.A.;

8. criar estações e construir estradas de correios;estabelecer vastos poderes militares enumerados em sucessivas alíneas.

No restante, a competência legislativa pertence aos Estados.

Um ponto fundamental é o do poder de o Tribunal Supremo fiscalizar a constitucionalidade das leis.

Tal possibilidade veio a ser admitida pelo Supremo Tribunal Federal em 1803, no caso Marbury v. Madison. Aí se afirmou que a Constituição era direito (law) e que, por isso, os juízes deviam aplicar o velho princípio da common law de que "é por excelência o domínio e o dever do poder judiciário de dizer o que é o direito (to say what the law is)".

A situação fáctica resume-se ao seguinte: MARSHALL, Chief Justice, fora Secretário de Estado do Presidentes ADAMS, um notório federalista. No último dia do mandato presidencial, ADAMS nomeou numerosos funcionários que eram seus correligionários, mas MARSHALL não conseguiu fazer chegar a todos os nomeados os títulos de nomeação. O novo presidente dos E.U.A., o republicano THOMAS JEFFERSON, nomeou

MADISON Secretário de Estado. Este sustou a entrega dos títulos de nomeação, por instrução presidencial. MARBURY, que havia sido nomeado juiz de paz mas que não chegara a dispor do título de nomeação nem a tomar posse, veio com um writ of mandamus requerer que MADISON desse execução à sua nomeação e tomada de posse do cargo judicial. MADISON opôs-se. MARSHALL não se coibiu de participar na decisão do caso e veio a estabelecer o princípio do controlo jurisdicional (judicial review) das leis cuja constitucionalidade tivesse sido impugnada. Na sua decisão célebre, refere-se que se o acto legislativo for inconciliável com a Constituição, é o mesmo nulo, não podendo vincular os tribunais, nem constituir o pressuposto da respectiva execução. Pode ler-se nessa decisão:

"... Consiste especificamente a alçada e a missão do Poder Judiciário em declarar a lei. Mas os que lhe adaptam as prescrições aos casos particulares, hão-de, forçosamente, expláná-la e interpretá-la. Estando uma lei em antagonismo com a Constituição e aplicando-se à espécie a Constituição e a lei, de modo que o tribunal tenha de resolver a lide em conformidade com a lei, desatendendo à Constituição, ou de acordo com a Constituição, rejeitando a lei, inevitável será eleger, dentre os dois preceitos opostos, o que dominará o assunto. Isto é da essência do dever judicial" (tradução de RUY BARBOSA, transcrito em SACHA C. NAVARRO COELHO, Controle de Constitucionalidade da Leis e do Poder de Tributar na Constituição de 1988, Belo Horizonte, Del Rey Editora, 1992, pág. 76).

A doutrina de Marbury V. Madison fundou o princípio do controlo de constitucionalidade difuso pelos tribunais e desde 1803 nunca mais os tribunais norte-americanos deixaram de controlar a constitucionalidade das leis. A partir de certa altura, o Supremo Tribunal arrogou-se o poder de invalidar as leis de regulação da economia, por violação das regras do liberalismo económico alegadamente acolhidas no XIV Aditamento:

"Um exemplo célebre foi o dos produtores cerealíferos das grandes planícies que conseguiram conquistar o poder nos anos de 1870 e que fizeram aprovar leis (Granger Laws) limitativas dos custos exorbitantes exigidos tanto pelas companhias de caminho de ferro para transportar a sua produção até aos grandes centros urbanos como pelas as companhias de comércio por grosso para armazenar a mercadoria nos seus silos de grão. Estas leis protectoras favoreceram e aceleraram o desenvolvimentos do controlo judiciário da constitucionalidade das leis. Todos os que não controlavam as assembleias legislativas voltaram-se para os tribunais para fazer anular as leis adoptadas por aquelas. No fim do século XIX, a XIV.ª Emenda, com a sua cláusula de due process, deu aos juízes um poder de controlo muito extenso sobre a economia.

Os juízes federais interpretaram a cláusula de due process como tendo incorporado na Constituição federal as teses liberais. A partir dos anos de 1890, deram provas de grande severidade contra as leis dos Estados de inspiração progressista e social que regulamentavam as condições de trabalho. Consideraram que estes textos atentavam contra a autonomia da vontade e a liberdade contratual. A decisão emblemática deste período é a decisão Lochener v. New York (1905), através da qual o Supremo Tribunal anulou como contrária à cláusula do due process da XIV.ª Emenda uma lei do Estado de Nova York que limitava a 60 horas semanais o trabalho dos empregados da panificação.

A presença das classes populares nas assembleias legislativas dos Estados estendeu-se ao Congresso. Por seu turno, este aprovou leis sociais, como a grande lei sobre os trusts [aglomerados económicos] de 1890, designada como Lei SHERMAN. Para fazer respeitar essas leis, o Congresso escolheu, de harmonia com a tradição federal americana, a utilização do direito e dos seus processos, remetendo para as próprias vitimas o cuidado de exigir a execução por via de acção judicial ligada a um pedido de injunção e de condenação em indemnização punitiva. Subsequentemente, este modo de execução foi retomado por todas as outras leis federais sobre a regulação económica ou sobre as condições de trabalho. De imediato, os réus submeteram essas leis à censura dos tribunais federais através da excepção de inconstitucionalidade.

O poder de judicial review veio a revelar-se que aproveitava principalmente aos poderosos interesses da economia, da finança ou da indústria que, de resto, tinham sob o seu controlo os órgãos políticos implicados na designação e nomeação dos juízes. Raras foram as leis que passaram com sucesso o exame de constitucionalidade. Entre 1889 e 1899, o Supremo Tribunal, sob a presidência de MELVILLE W. FULLER, invalidou 5 leis federais e 34 leis dos Estados . Não foi nada em comparação com as

22 leis anuladas num só ano (1915) pelo Supremo Tribunal sob a presidência de EDWARD D. WHITE ou das 26 leis anuladas em 1926 pelo mesmo Supremo Tribunal sob a presidência de WILLIAM H. TAFT. Este período da história do direito dos Estados Unidos ficou conhecido como o de «Governo dos Juízes», segundo a expressão popularizada em França nos anos 1920 por ÉDOUARD LAMBERT" (ÉLISABETH ZOLLER, ob cit., pág. 29-30).

Foi na época do presidente dos Estados Unidos FRANKLIN DELANO ROOSEVELT que a pressão política popular levou à alteração do comportamento dos juízes do Supremo Tribunal e se conseguiu que este deixasse de anular as mais importantes leis de intervenção do Estado na economia, no período conhecido como New Deal.

Deve notar-se que o XIV.º Aditamento (aprovado em 1866 e ratificado em 1868) dispunha na Secção 1.ª:

"São cidadãos dos Estados Unidos e do Estado onde residem todas as pessoas nascidas ou naturalizadas nos Estados Unidos e sujeitas à sua jurisdição. É vedado aos Estados fazer ou executar leis que restrinjam as prerrogativas e garantias dos cidadãos dos Estados Unidos, privar alguma pessoa da vida, liberdade ou propriedade sem observância dos trâmites legais (without due process of law) ou recusar a qualquer pessoa de sua jurisdição a igualdade perante a lei"(sublinhado acrescentado).

Não pode, por isso, surpreender a importância social nos Estados Unidos da América dos juízes, seja dos tribunais estaduais, seja sobretudo das jurisdições federais:

"O juiz é, nos Estados Unidos, a grande figura do Direito.

Diferentemente dos sistemas jurídicos continentais, em que os grandes nomes do Direito são nomes de autores e de sábios (DOMAT, PORTALIS, GÉNY), os grandes nomes do Direito, nos Estados Unidos, são nomes de Juízes (JOHN MARSHALL, OLIVER W. HOLMES, EARL WARREN).

De facto, os grandes juízes são sobretudo juízes federais. Os juízes dos Estados não têm o mesmo prestígio na medida em que, diferentemente destes últimos, estão submetidos em grande número de Estados às áleas de eleição popular e às vicissitudes dos processos de reconfirmação que pontuam as carreiras feitas geralmente a prazo. [...]

O prestígio dos juízes americanos extrai as suas origens do sistema da common law. No século XVII, BLACKSTONE tinha acentuado nos seus Comentários sobre as Leis de Inglaterra que, num sistema em que as leis são constituídas em primeiro lugar por costumes, regras e máximas identificadas e extraídas pelos juízes dos diferentes tribunais de justiça, estes eram os «os depositários» das leis; os oráculos vivos (living oracles), que tinham de decidir todos os casos em que havia dúvidas, e que estavam obrigados por juramento a decidi-los de harmonia com o direito do país (according to the law of the land)" (vol. I, pág. 69).

A mesma estatura de «oráculo do Direito» que o juiz inglês ocupava desde a Idade Média estabeleceu-se na América [...].Não obstante o facto de que, como na Inglaterra, a lei votada pelas assembleia populares se tornara de facto a primeira fonte de direito, o juiz americano continua a ser sempre um oráculo do Direito. A razão para tal reside em que ele possui poderes sobre a Constituição e sobre as leis que não têm medida similar com os do juiz inglês e, mais ainda, com os do juiz nos sistemas de direito codificado" (ELISABETH ZOLLER, ob cit., pág. 81-82; a Autora refere-se aos poderes de fiscalização a constitucionalidade das leis que, no Continente europeu, estão frequentemente atribuídos a tribunais de outro tipo, os Tribunais Constitucionais).

IV.-A importância da jurisprudência do Supremo Tribunal Federal

A importância da jurisprudência do Supremo Tribunal Federal pode medir-se através dos seguintes exemplos:

1. no caso Griswold v. Connecticut (1965), o Supremo Tribunal invalidou, com base no right of privacy, uma regra constante de lei estadual que proibia em absoluto o uso de meios anticoncepcionais no que toca a casais;

2. no caso Roe v. Wade (1973), o Supremo Tribunal negou que o feto

fosse uma pessoa e, apesar de reconhecer que, para além da liberdade da mãe, o Estado tinha interesses específicos na defesa da saúde da mãe e na protecção da vida potencial do feto, acabou por considerar que o aborto era legalmente admissível, não podendo tal protecção sobrepor-se às escolhas de valor da própria mãe;

3. nos casos da discriminação racial, o Supremo Tribunal começou por admitir o princípio de "separados mas iguais" (o que possibilitaria a existência de escolas e de transportes ou hospitais reservados a uma raça – caso Plessey v. Ferguson, julgado em 1896), mas veio a afastar-se dessa doutrina segregacionista, considerando que a legislação devia ser colorblind (Brown v. Board of Education of Topeka, 1954)

4. no caso da pena de morte, o Supremo Tribunal chegou a dar, nos anos de 1970, prevalência ao VIII.º Aditamento (proibição de penas cruéis ou aberrantes), em detrimento do Aditamento que prevê a existência de pena capital (V.º Aditamento), julgando inconstitucional (por 5 votos contra 4) uma lei estadual que decretava a pena de morte sem fixar critérios suficientemente claros ao júri que permitissem os casos de condenação à pena capital, sem riscos de discricionariedade. Tal levou a suspensão durante alguns anos das execuções, muito embora a Califórnia se tivesse pronunciado em referendo pela manutenção desta pena. Em 1976, o Supremo Tribunal, por 7 votos contra 2, julgou conformes à Constituição as

leis do Texas, da Geórgia e da Flórida, na matéria.

V.-A Lei. Códigos e Leis Uniformes. A interpretação e aplicação da lei

Os Estados Unidos da América são um ordenamento plurilegislativo, como atrás se referiu.Além da Constituição Federal, cada Estado tem a sua própria Constituição.

No plano da legislação federal infraconstitucional – ou da lei ordinária, na terminologia portuguesa – surgem em distintos planos hierárquicos as leis federais (federal statutes) e os tratados internacionais, a legislação delegada do executivo e os regulamentos de entes públicos (administrative agencies). Além disso, os tribunais federais publicam regulamentos de natureza processual.

No plano da legislação de cada Estado e nos termos da respectiva Constituição estadual, aparecem leis editadas pelas assembleias legislativas estaduais e ainda legislação delegada e regulamentos emitidos por administrative agencies. Existem igualmente court rules (regulamentos dos tribunais).

Pode, assim, concluir-se que, nos Estados Unidos, as leis escritas têm uma grande importância enquanto fontes de direito.

Na terminologia americana, os chamados Restatements of law são considerados fontes "secundárias" do direito ou fontes doutrinais.

Escreve DAVID S. CLARK:"O programa do Reitor LANGDELL, que visava introduzir ordem na common law através do treino dos futuros juristas na ciência jurídica por meio da utilização de livros de casos (casebooks), teve eco entre os mais importante professores de direito, juízes e advogados nos anos de 1920, os quais criaram o American Law Institute (ALI). Desejavam reduzir a complexidade indevida e incerteza crescente da case law através da reafirmação (restating) sistemática das regras e princípios jurídicos. Os restatements do ALI abrangeram também leis interpretadas judicialmente e que tinham sido editadas pelos Estados.

A primeira série de Restatements demorou vinte anos a terminar, cobrindo as matérias fundamentais do ensino das faculdades: contratos, propriedade, actos ilícitos (torts) e sentenças, e bem assim o mandato (agency), conflitos de leis, enriquecimento sem causa (restitution), garantias (security) e trusts. Cada Restatement foi supervisionado por um académico eminente designado como relator (reporter).

A partir do inicio da segunda série dos Restatements em 1952, foram publicadas notas dos relatores no final de cada secção (em apêndice aos volumes relativos à agency, torts e trusts). A terceira série começou em 1987 com o direito das relações internacionais dos EUA, seguido pela concorrência desleal (1995), fianças e garantias (suretyship and guaranty)

(1996), direito relativo a advogados (2000), tal como partes dos Restatements respeitantes à propriedade, torts and trusts em 2001.

A recepção dos Restatements tem variado de área para área, havendo alguns comentadores que criticam o ALI pelo facto de expor o direito que devia vigorar em vez de reafirmar o direito existente. De um modo geral, porém, os tribunais atribuíram alguma valia ao ensino deles decorrente, tendo-os citado até 2001 cerca de 151.000 vezes" (The Sources of Law, in Introduction to the Law of U.S. cit., pág. 49).

Também as Leis Uniformes (Uniform Laws) são consideradas fontes secundárias do Direito, de natureza doutrinal, antes de serem adoptadas pelos Estados.

Foi a Associação Americana de Advogados (ABA – American Bar Association) que, a partir de 1892, impulsionou a criação de uma Conferência Nacional de Commissioners on Uniform Law, para levar a cabo a reforma e a modernização do direito. A referida Conferência, com representantes de todos os Estados, prepara projectos de Lei Uniforme destinados a ser adoptados pelas assembleias legislativas estaduais. Teve grande êxito a Lei sobre Títulos Negociáveis (Negotiable Instruments Law), que foi adoptada no principio do século XX em muitos Estados.

Há, pelo menos, 100 Leis Uniformes que vieram a ser adoptadas por, pelo menos, um Estado da União. O maior sucesso ocorreu com o Uniform Commercial Code adoptado por todos os Estados (embora só de forma parcial na Luisiana).

Existe uma publicação dirigida por WEST das Leis Uniformes Anotadas (45 volumes), que contém o texto das leis, textos explicativo dos Comissários, notas de jurisprudência e de doutrina.

No que toca à interpretação das leis, importa distinguir a interpretação da Constituição federal da das outras leis.

Relativamente à Constituição federal, tem havido debates entre várias escolas, prevalecendo o entendimento de que a interpretação das normas constitucionais, sobretudo dos Aditamentos, deve ser evolutiva e flexível.

O Chief Justice MARSHALL, presidente da Supreme Court, escreveu em 1819:"Não devemos esquecer nunca que é uma constituição o que nós interpretamos ... constituição destinada a durar durante séculos e que deve, consequentemente, ser adaptada às variadas crises dos assuntos humanos..." (McCulloch v. Maryland).

E outro jurista célebre e juiz do Supreme Court, CHARLES EVANS HUGHES (1862-1948) afirmou peremptoriamente que a Constituição é aquilo que os juízes dizem que é.

São bem conhecidos os esforços interpretativos no sentido de descobrir a finalidade ou teleologia de regra ou do princípio constitucional relativamente a certas fórmulas constitucionais: o estabelecimento de impostos for the general welfare (art. I, secção 8.ª), a commerce clause no mesmo artigo, os princípios do due process of law (V.º e XIV.º Aditamentos) a equal protection of the law (XIV.º Aditamento), etc.

Já quanto à interpretação das outras leis, os entendimentos jurisprudenciais ingleses influenciaram sempre os tribunais norte-americanos, nomeadamente a técnica de mediação da jurisprudência para o perfeito entendimento do próprio texto da lei.

VI.-A jurisprudência e a regra do precedente

ZWEIGERT e KÖTZ chamam a atenção para a complexidade da organização judiciária dos EUA, citando, a propósito, a seguinte frase de GRISWOLD: os EUA possuem "talvez a estrutura jurídica mais complicada que alguma vez foi inventada e posta em vigor no esforço humano de se auto-governar" (An Introduction cit., pág. 249).

Tal complexidade provém não só da coexistência de diversas fontes de direito federais e estaduais, como da existência de sistemas de tribunais federais e estaduais.

Os tribunais federais têm uma organização em três níveis hierárquicos.

No nível de base aparecem 94 tribunais de distrito (district courts), onde exercem funções cerca de 650 juízes federais.

No nível intermédio surgem 11 circuit courts of appeals, as quais conhecem dos recursos não só dos district courts, mas também de comissões administrativas independentes (administrative independent bodies). Há cerca de 170 juízes, os quais julgam os recursos em formações de três juízes, tal como em Inglaterra.

No topo encontra-se a Supreme Court, composta por nove juízes nomeados vitaliciamente, presidida por um desses juízes designado como Chief Justice.

Como se sabe, a Supreme Court é um tribunal de constitucionalidade que, desde uma lei de 1925, tem o poder discricionário de escolher os casos que julga anualmente (é preciso que, após uma consideração sumária do caso, 4 juízes se pronunciem favoravelmente quanto ao conhecimento do mérito). A rejeição não tem de ser fundamentada. Relativamente aos casos julgados anualmente e que não ultrapassam a centena, alguns deles são tramitados sem alegações orais, por mera troca de peças escritas entre os advogados (decisão per curiam, a qual tem de ser por voto unânime, sendo a fundamentação escassa, quando não inexistente).

Nos casos em que se verifica maior complexidade, há alegações orais e a decisão é detalhadamente fundamentada, podendo haver votos de vencido (dissenting opinions). Há certos casos em que as partes têm direito a uma decisão deste tribunal (por exemplo, casos em que a instância suprema estadual considerou uma lei estadual conforme à Constituição, ou uma lei federal inconstitucional):

São conhecidas as circunstâncias históricas em que se falou de "Governo dos Juízes", nos quatro primeiras décadas do século XX. O conflito agudizou-se durante o primeiro mandato de FRANKLIN ROOSEVELT, após vários julgamentos de inconstitucionalidade de leis aprovadas no Congresso que corporizavam a política da New Deal. A situação chegou a um ponto em que o Presidente, na sua campanha para a reeleição, propôs resolver drasticamente o impasse a que se chegara. Após a sua reeleição em 1936, foi apresentado um projecto de lei que previa a nomeação de juízes supranumerários, sempre que os juízes em funções atingissem os 70 anos e se não reformassem. Face à iminência de aprovação de tal lei, um dos juízes mudou o seu sentido de voto, alterando a maioria de voto. Daí o dito mordaz de que "uma mudança a tempo salvou nove" (a switch in time saves nine), com referência ao número de juízes do Tribunal Supremo.

Os tribunais estaduais organizam-se em modelos diversificados, alguns com dois níveis hierárquicos, outros com três níveis hierárquicos (nos 15 Estados mais importantes).

Em regra, as questões mais complexas, civis e criminais, são julgadas através de tribunal singular e, frequentemente, com intervenção de júri, em "county courts" e district courts" (no Estado de Nova YorK, o tribunal mais importante de 1.ª instância é designado como Supreme Court). Aparecem muitos tribunais especializados, de pequena instância (municipal courts; small claims courts; traffic courts).

Das decisões destes tribunais é possível apelar-se para uma appeal court, verificados certos requisitos.

Os juízes destes tribunais são frequentemente eleitos ou então designados para mandatos temporais pelos Governadores dos Estados, sob proposta de uma comissão composta por profissionais e políticos.

O exercício da acção penal é assegurado por District Attorneys (D.A.s.), em regra escolhidos por eleição.

A maior parte dos litígios são julgados por tribunais estaduais, visto os tribunais federais terem competências específicas, de natureza cível ou criminal (por exemplo, questões em que o governo federal é parte, questões ou crimes previstos em leis federais – "federal question jurisdiction"; questões em que as partes residem em diferentes Estados – "diversity of citizenship jurisdiction").

Tal como em Inglaterra, a case law reveste-se de grande importância, sobretudo nas questões cíveis, reguladas pela common law e pela equity de origem inglesa. Já vimos atrás a problemática que se pôs quanto a saber se os tribunais federais aplicavam uma common law federal, ou antes a common law vigente em cada Estado.

Também como em Inglaterra vigora a regra do precedente (stare decisis), -sendo designada a ratio decidendi de um caso como holding - embora tradicionalmente com menor rigidez, visto ser reconhecida aos tribunais superiores a possibilidade de se afastar dos seus próprios precedentes. Segundo refere DAVID S. CLARK:

"O stare decisis afecta três tipos de tribunais. Em primeiro lugar, os tribunais inferiores integrados numa jurisdição estão vinculados a seguir a posição declarada pelo tribunal superior. Em segundo lugar, o tribunal superior deve seguir os seus próprios precedentes. O tribunal superior pode afastar uma decisão anterior se afirmar que os factos no caso presente são suficientemente diferentes em relação aos do caso anterior, em termos de que se pode distinguir o precedente.

Ou então o tribunal superior pode afastar-se (overrule) do precedente, uma vez que o poder judicial americano não adopta um entendimento rígido do stare decisis, tendo de justificar as razões por que, em sua opinião, é necessária uma nova regra (...) Em terceiro lugar, os tribunais de outras jurisdições podem usar um precedente como argumento (authority) persuasivo para criar uma regra para o respectivo sistema, a qual se poderá tornar uma regra maioritária ou minoritária entre os diferentes Estados americanos.

O poder do precedente como fonte de direito depende do modo amplo ou restritivo como os tribunais interpretam as decisões dos casos anteriores (...)" (The Sources of Law, in Introduction to the Law of U.S. cit., pág. 38)

O grande juiz BENJAMIN N. CARDOZO escreveu que "Stare decisis is at least the everyday working rule of our law" (trnscrito em UGO MATTEI, Precedente Giudiziario e Stare Decisis, in Digesto delle Discipline Privatistiche Sezione Civile, vol. XIV, Turim, UTET, 1996, pág. 152).

A regra do stare decisis parece estar em declínio, nomeadamente porque a existência de bases de dados jurisprudenciais permite aos profissionais do foro facilmente encontrar ao longo dos tempos decisões em todos os sentidos. A disponibilidade de argumentos a partir de sentenças para todos os gostos desacredita a doutrina do stare decisis, pondo em causa a ideia de justiça, de previsibilidade e melhor qualidade das decisões ligadas a esse sistema, o que o torna uma "ilusão" (DAVID S. CLARK)

Como escreve ERIC AGOSTINI:"Neste terreno, por consequência, seguindo as vias traçadas pelo seu modelo [inglês], o sistema jurídico dos Estados Unidos afasta-se ao repudiar a teoria declarativa de Blackstone (...) segundo a qual a última decisão proferida é considerada como reflectindo a eterna e imutável Common Law (...). Pode-se ver aí, mesmo se as técnicas e os argumentos utilizados permanecem grosso modo os mesmos, uma verdadeira diferença de natureza e já não de grau.

É por isso que se pode considerar (...) que, a prazo, a doutrina americana do precedente se aproximaria da dos países de codificação. Mas é verdade que um dos argumentos avançados para sustentar esta ideia tinha a ver com a redacção do Restatement of the Law, obra privada que visa realizar a unificação do direito americano" (Droit Comparé cit., pág. 281; na tradução portuguesa, n.º 148).

O overruling é o "poder reconhecido a um tribunal de se afastar de um precedente interior à própria jurisdição e que não é susceptível de ser objecto de distinção" (UGO MATTEI).

Deve notar-se que, nos Estados Unidos, se fala de anticipatory overruling – na linha das posições dos Juízes JEROME FRANK e LEARNED HAND – quando um tribunal inferior se recusa a seguir um precedente do Tribunal Supremo quando seja para aquele razoalvelmente seguro, com base em pronúncias de juízes que integram este último Tribunal, que o próprio Tribunal Supremo já não seguiria aquele indicado precedente. Tal posição poder ser confirmada em via de recurso, nomeadamente de forma tácita.

TENDENCIAS DEL CONSTITUCIONALISMO MUNDIAL A PRINCIPIOS DEL SIGLO XXI

Cuauhtémoc Manuel De Dienheim Barriguete

TENDENCIAS DEL CONSTITUCIONALISMO MUNDIAL A PRINCIPIOS DEL SIGLO XXI

Cuauhtémoc Manuel De Dienheim Barriguete[*]

(a) Introducción

El constitucionalismo mundial se ha visto inmerso en un proceso dinámico a través del cual ha sufrido profundas transformaciones en los últimos años. Es un proceso que prácticamente se inició al finalizar la Segunda Guerra Mundial y que se desarrolló durante la segunda mitad del siglo XX, y en el que la reconstitucionalización de Europa jugó un papel relevante conjuntamente con el auge que vendría a tener también en esos años el derecho internacional.

Efectivamente, el fin de la Segunda Gran Guerra vendría a cambiar viejos paradigmas del constitucionalismo y pondría en entredicho doctrinas, posturas y teorías imperantes hasta ese entonces y haría surgir nuevas visiones y tendencias que vendrían a crear una verdadera revolución a nivel mundial que redefiniría, no sólo a la Constitución y el papel de ésta en relación con el Estado y con el orden jurídico interno e internacional, sino que incluso vendría a modificar la concepción del Estado mismo en el mundo actual.

---

[*] Licenciado en Derecho por la Facultad de Derecho y Ciencias Sociales de la Universidad Michoacana de San Nicolás de Hidalgo y Maestro en Derecho Constitucional por la Universidad Latina de América. Especialista en temas de Derechos Humano

La creación de la constitución italiana de 1947, la constitución alemana de 1949, la constitución portuguesa de 1976 y la española de 1978, serían ejemplos de nuevos modelos constitucionales que muy pronto se propagarían por buena parte de los países del mundo occidental, mismos que adoptarían instituciones, principios y normas inspiradas en dichos ejercicios constitucionales.

El surgimiento vigoroso de un nuevo derecho internacional con mayor fuerza vinculatoria para todos los miembros de la Comunidad Internacional a partir de la creación de la Organización de las Naciones Unidas en 1945, y el proceso de internacionalización y estandarización de los Derechos Humanos a partir de su reconocimiento en declaraciones primero y positivación en tratados internacionales después, generaría una fuerte presión que ocasionaría la transformación del constitucionalismo de los Estados generando tendencias y corrientes jurídicas fundadas e inspiradas en la protección de la persona humana, como es el caso del "Garantismo".

Sin lugar a dudas también los procesos de globalización experimentados durante el último cuarto del siglo XX vendrían también a potenciar la expansión a lo largo y ancho de todo el mundo de una serie de tendencias constitucionales, dentro de las cuales podemos encontrar las del llamado neoconstitucionalismo, el garantismo y algunas otras que sin duda han venido definiendo al constitucionalismo de principios del siglo XXI.

El presente trabajo tiene como fin dar cuenta de algunas de las principales tendencias que se viven en el constitucionalismo de hoy en día. Sin pretender entrar al fondo y explicar cada una de estas tendencias, lo que se busca es presentar un catálogo de ellas que nos permita trazar el panorama actual de lo que es el constitucionalismo en Occidente, y sus principales directrices tanto a nivel normativo y jurisprudencial, como también a nivel teórico y doctrinal, de tal suerte que el lector pueda tener una idea más clara acerca de la transformación que ha venido sufriendo el constitucionalismo en los últimos tiempos.

(b) Principales tendencias del constitucionalismo en la época actual

A continuación haremos mención de las principales tendencias que se han venido presentando en el constitucionalismo a nivel mundial en los últimos años, sobre todo y básicamente en Occidente (principalmente en Europa tanto occidental como oriental, en América Latina y en algunos países de África) y en menor medida en algunos pocos países de Asia, y que por tanto han motivado cambios en los textos constitucionales a veces parciales, o incluso hasta totales ocasionando la expedición de nuevas constituciones.

a) Una nueva relación entre derecho público y derecho privado

Actualmente en el constitucionalismo de nuestros días podemos percibir como la separación entre el derecho público y el derecho privado que antaño era marcada, se ha venido aminorando y las constituciones vienen a ser un punto de encuentro entre ambos derechos difuminando las fronteras entre ellos. Hoy en día asuntos que antes se consideraban como exclusivamente de carácter privado, se consideran también de carácter público. Tal es el caso de algunos asuntos de carácter familiar y en donde se involucra a menores, y el caso de la eficacia de los derechos fundamentales entre particulares (Drittwirkung). De esta manera podemos percatarnos como cada vez es más frecuente ver como en nombre de la solidaridad social y de la función de las instituciones, el Estado ha empezado a interferir en las relaciones entre particulares1.

Los antiguos derechos individuales que recibían su protección en los Códigos Civiles hoy en día han sido transferidos a las constituciones, con lo cual los Códigos Civiles han dejado de tener la función de protección "constitucional" de los derechos de las personas, trasladándose así esta función de las más privada de las fuentes del derecho privado (el Código Civil) a la más pública de las fuentes del derecho público: la Constitución2.

La constitución ha pasado a ocupar el lugar central del sistema jurídico desde donde actúa como filtro axiológico mediante el cual debe leerse el derecho civil3. Todo lo anterior ha implicado un desplazamiento del Código Civil a la Constitución, del derecho privado al público, y por supuesto el litigio obviamente se ha trasladado del tribunal ordinario al tribunal constitucional.

b) La búsqueda de una mayor democracia

Los gobiernos autoritarios que vivió Europa durante la primera mitad del siglo XX y que darían origen a la Segunda Guerra Mundial y todas las consecuencias funestas que este conflicto trajo consigo, originarían que al concluir la guerra se instaurara una tendencia a la democratización de los

---

1   BARROSO, Luis Roberto, *"El Neoconstitucionalismo y la Constitucionalización del Derecho"*. Universidad Nacional Autónoma de México, México, 2008, p. 40.

2   MERRYMAN, John Henry, *"La Tradición Romano-Canónica"*. Segunda edición, novena reimpresión, Fondo de Cultura Económica, México, 2004, pp. 291 y 292.

3   BARROSO, Luis Roberto, *Op. Cit.*, p. 40.

países involucrados, y que se manifestaría en sus procesos de reconstitucionalización en los años posteriores de Estados como Alemania, Italia e incluso más tarde España. Esta tendencia influiría también en el proceso de descolonización africano, y más tarde se extendería también en América Latina en los años 80´s y en Europa Oriental en los años 90´s del siglo pasado.

Este proceso de democratización se caracterizaría por la ampliación de los derechos políticos, concediendo el derecho de votar y de ser votados a individuos que antes no eran considerados como ciudadanos. En este proceso se han ido otorgando tales derechos a las mujeres y a ciertas minorías (étnicas, religiosas), se redujo en algunos países la edad para acceder a tales derechos, e incluso más recientemente hemos sido testigos como se ha incluido también en su ejercicio a personas que otrora eran considerados como "extranjeros" y por tanto sin derechos políticos. Tal es el caso de los derechos políticos comunitarios dentro de la Unión Europea.

Una tendencia importante en relación con la búsqueda de más y mejor democracia es la transición de la simple democracia representativa hacia una democracia participativa, en la cual las instituciones de democracia semidirecta han jugado un papel fundamental. Tales instituciones básicamente son el referéndum, el plebiscito, la iniciativa popular, y la revocación del mandato, y se han ido adoptando paulatinamente por un buen número de los países dentro de sus constituciones como mecanismos complementarios de las instituciones de la democracia representativa4.

Igualmente existen algunos nuevos mecanismos de participación ciudadana que no hay que perder de vista y que cada vez han ido cobrando mayor trascendencia y que se han ido implementando también en algunos países, tal es el caso de las audiencias públicas, el presupuesto participativo y la participación ciudadana en la elaboración de normas generales de carácter administrativo5.

Otro aspecto fundamental en esta cuestión ha sido el relativo a transparentar la actuación de los poderes públicos u órganos de gobierno, a través de diversos mecanismos tales como la instauración de procesos institucionales de rendición de cuentas, y el derecho de acceso a la información pública otorgado a los particulares.

En la actualidad, puede decirse que prácticamente en todo Occidente las constituciones se han configurado para establecer límites efectivos a la autoridad de los gobernantes, con la finalidad de asegurar que la voluntad de

4 GONZÁLEZ Schmal, Raúl, *"Programa de Derecho Constitucional"*. Universidad Iberoamericana/Editorial Limusa, Grupo Noriega Editores, México, 2003, pp. 73-78.

5 LÓPEZ Olvera, Miguel Alejandro, *"Nuevos Mecanismos de Participación Ciudadana en el Municipio"* en LÓPEZ Olvera, Miguel Alejandro y RODRÍGUEZ Lozano, Luis Gerardo (Coords.), *"Tendencias Actuales del Derecho Público en Iberoamérica"*. Editorial Porrúa, México, 2006, p. 70-76.

la mayoría de los ciudadanos pueda dirigir la política general del país, respetando los derechos de las minorías6.

c) Una nueva organización del poder y de los órganos del Estado

En los últimos tiempos hemos sido testigos de las transformaciones que ha sufrido el Estado contemporáneo organizándose de forma diversa a como tradicionalmente lo había venido haciendo. Así la organización tripartita de poderes tradicional en ejecutivo, legislativo y judicial, se ha venido enriqueciendo con la creación de los llamados órganos constitucionales autónomos. Incluso vale la pena mencionar que en los textos constitucionales el término de "poderes" ha venido sustituyéndose por el de órganos de gobierno simplemente.

Igualmente podemos distinguir como se ha venido presentando un acercamiento entre el sistema presidencial y el parlamentario, matizándose mutuamente pero predominando sobre todo la tendencia al parlamentarismo de los sistemas presidenciales7.

6   BISCARETTI Di Ruffia, Paolo, *"Introducción al Derecho Constitucional Comparado"*. Primera reimpresión, Fondo de Cultura Económica, México, 1998, pp. 522 y 523.

7   A este respecto resulta bastante ilustrativo e interesante el estudio y análisis comparativo entre sistemas presidenciales, semipresidenciales y parlamentarias que se hace en la obra de: SARTORI, Giovanni, *"Ingeniería Constitucional Comparada"*. Primera reimpresión, Fondo de Cultura Económica, México, 1996.

Cabe mencionar que ante las nefastas experiencias de algunas dictaduras, se ha dado también la tendencia a acortar el mandato constitucional en los poderes ejecutivos, aunque paradójicamente la tendencia contraria se ha dado en relación con los parlamentarios. Es decir que la regla ha sido el permitir su reelección.

d) Una nueva relación entre derecho interno y derecho internacional

El fin de la Segunda Guerra Mundial, el surgimiento de la ONU y la internacionalización de los Derechos Humanos han traído por consecuencia una nueva relación entre el derecho interno y el derecho internacional, dentro de la cual la constitución ha jugado el trascendente rol de ser el nexo entre ambos órdenes jurídicos.

La crisis de la soberanía frente al nuevo orden jurídico internacional ha puesto en entredicho el poder y las capacidades del Estado para tratar y resolver ciertos asuntos, y ha originado también, el que muchas cuestiones que antes se consideraban como internas y por tanto de incumbencia exclusiva de cada Estado en lo particular sin aceptar intromisión alguna, hoy en día se consideren de la competencia también de la comunidad internacional, y por tanto susceptibles de ser atendidas por la jurisdicción internacional. Tal es el caso de la materia concerniente de los Derechos Humanos8.

Puede decirse que en términos generales el constitucionalismo de los últimos tiempos se ha venido caracterizando por hacer un mayor reconocimiento y una mayor aceptación del orden jurídico internacional, y de la jurisdicción de organismos supranacionales. Así la era del nacionalismo a ultranza antes imperante, ha ido cediendo poco a poco para dar paso a una etapa internacionalista.

En fechas recientes hemos sido testigos del surgimiento del modelo de Estado posnacional, caracterizado por el llamado "patriotismo constitucional" consistente en una identidad colectiva distinta de la nacional, con la constitución como referente del patriotismo y por una nueva idea de ciudadanía sin aferrarse a particularismos, con miras a constituir una "cosmociudadanía" de carácter multicultural. Un ejemplo de tal situación puede percibirse en lo que ocurre en los Estados miembros de la Unión Europea y el concepto de ciudadanía europea.

---

8   En relación con este tema ver: DE DIENHEIM Barriguete, Cuauhtémoc Manuel, *"La Crisis de la Soberanía Frente al Nuevo Orden Jurídico Internacional"* en *"IUS UNLA.*

e) El papel fundamental de los Derechos Humanos.

El fin de la Segunda Guerra Mundial traería por consecuencia que en el constitucionalismo mundial se iniciara un proceso en el cual el reconocimiento de más y mejores derechos (humanos) dentro de los textos constitucionales de los diversos países sería una constante, ya que a partir de entonces los Derechos Humanos cobrarían un papel relevante y de legitimación de todos los gobiernos, dando de esta manera contenido y sustancia a la democracia misma.

Efectivamente, a partir de entonces, las exigencias sociales se han dejado sentir con mayor fuerza, y en los documentos constitucionales que se expidieron con posterioridad a la Segunda Guerra Mundial se aumentó notablemente el número y la precisión descriptiva de los artículos dedicados a los derechos públicos subjetivos de los ciudadanos, especialmente en virtud de la experiencia de los abusos verificados por los Estados autoritarios europeos en el curso de los veinte años del periodo entre guerras[9].

Actualmente la constitución ya no tiene por objeto sólo la distribución formal del poder entre los distintos órganos estatales, sino que esta dotada de un contenido material, singularmente principios y derechos fundamentales que condicionan la validez de las normas inferiores. La constitución es así fuente del derecho en el sentido pleno de la expresión, es

Anuario 2005". Universidad Latina de América, México, 2006

9   BISCARETTI Di Ruffia, Paolo, *Op. Cit.*, p. 522.

decir origen mediato e inmediato de derechos y obligaciones, y no sólo fuente de las fuentes10.

A este respecto cabe mencionar que una de las tendencias más importantes de los últimos tiempos sin lugar a dudas es el Garantismo, la cual es una corriente del constitucionalismo que coloca en el centro de su atención a los mecanismos identificados como garantías para hacer eficaces a los Derechos fundamentales11. Lo anterior ha venido a significar que las constituciones no sólo se limiten a establecer extensos catálogos de Derechos Humanos, sino que se han preocupado por contemplar y consagrar también las instituciones, los procedimientos y los medios necesarios para respetar, proteger, promover y garantizar efectivamente tales derechos.

En el campo de los Derechos Humanos es preciso hacer notar también la relevancia de los llamados Derechos Económicos, Sociales y Culturales, los cuales sobre todo, a partir del último cuarto del siglo XX han ido cobrando cada vez mayor importancia en el ámbito constitucional de los Estados como un medio de hacer frente a las profundas desigualdades económicas y sociales, y a los graves males que el liberalismo económico ha ocasionado en todas partes del mundo. Tal situación en los años más recientes ha originado que el Estado haya venido adoptando una posición más intervencionista en cuestiones sociales y económicas.

---

10   PRIETO Sanchís, Luis, *"Constitucionalismo y Positivismo".* Segunda edición, Distribuciones Fontamara, México, 1999, p. 17.

11   ALFONZO Jiménez, Armando, *"El Garantismo"* en *"IUS UNLA. Anuario 2005".* Universidad Latina de América, México, 2006, p. 16.

En años recientes hemos sido testigos del surgimiento de nuevos derechos que antes no habían sido considerados con seriedad. Por ejemplo el derecho a la alimentación, el derecho a la salud, el derecho a la vivienda, el derecho al agua, el derecho al desarrollo de la libre personalidad, el derecho a la identidad, el derecho a la cultura, el derecho a un medio ambiente sano, el derecho a la paz, y por supuesto también los llamados Derechos Humanos de cuarta generación vinculados a la ciencia y a la tecnología.

Otro aspecto importante en relación con los Derechos Humanos, como ya se ha mencionado antes, es la tendencia a dar eficacia a los derechos fundamentales entre particulares. Esto es la llamada Drittwirkung (efecto frente a terceros de los derechos fundamentales) que empezaría a cobrar fuerza en Alemania a finales de los años 40's del siglo XX, y que de ahí saltaría para ser considerada por otros países[12].

Por último es preciso mencionar que a partir de la Declaración Universal de Derechos Humanos 1948 y de los Pactos de Nueva York 1966, y con el auge e importancia que ha tenido el derecho internacional en los últimos tiempos, se ha venido presentando la llamada tendencia de internacionalización y estandarización de los Derechos Humanos, misma que ha originado que los Derechos Humanos de carácter internacional, reconocidos en declaraciones y tratados internacionales, sean cada vez más reconocidos y garantizados también por las constituciones de los países del mundo.

---

[12]   Para profundizar en el tema se sugiere ver la obra de JULIO Estrada, Alexei, *"La Eficacia de los Derechos Fundamentales entre Particulares"*. Universidad Externado de Colombia, Colombia, 2000.

A pesar de todo lo anterior es necesario advertir que en los años más recientes, y sobre todo a partir de los actos terroristas del 11 de septiembre de 2001 ocurridos en Nueva York, y algunos otros que han acaecido en el mundo (2004 en Madrid y 2005 en Londres), ha surgido una "contra-tendencia" en cuestión de Derechos Humanos, sobre todo tratándose de aquellos referidos a la materia penal, en virtud de la cual se han hecho reformas y se han expedido disposiciones normativas que han venido a restringir a los Derechos Humanos y a establecer verdaderos estados de excepción, en aras de garantizar la seguridad pública y la del Estado, frente a acciones provenientes del terrorismo, de la delincuencia organizada y de grupos armados irregulares (Derecho Penal del Enemigo). Esta situación ha dado lugar a intensos e interesantes debates jurídicos que hoy por hoy ocupan un lugar primordial no sólo en la agenda nacional (constitucional) sino también en la internacional de todos los Estados13.

f) **Una revalorización del papel de los jueces y la consolidación de la justicia constitucional.**

En los últimos tiempos hemos sido testigos como en los diversos regímenes constitucionales se ha dado una revalorización del papel de los jueces, consolidándose al poder judicial como un auténtico poder y no sólo como un simple ejecutor de los mandatos del legislador (boca de la ley).

---

13   En relación con esta temática se sugiere ver la obra de ARJONA, Juan Carlos y HARDAGA, Cristina (Comps.), *"Terrorismo y Derechos Humanos".* Distribuciones Fontamara, México, 2008,

En tal sentido la interpretación judicial y el rol del juez como creador del derecho han venido a cobrar una importancia fundamental, dando origen a un desarrollo judicial del derecho, en donde se ha dado un énfasis mayor a los argumentos jurídicos y a la ponderación más que al tradicional método de subsunción.

En la actualidad cada vez se reconoce más, que la actividad creadora de los tribunales y la posibilidad de una interpretación productiva y no meramente reproductiva de los tribunales, constituye una necesidad en el trabajo práctico de los jueces que contribuye a una plena realización de los objetivos de un Estado de Derecho y que con ello no se violenta el principio de la división de poderes14.

En este proceso de judicialización del derecho es necesario destacar la cuestión de la consolidación de la justicia constitucional en los países del mundo occidental, creando tribunales constitucionales (formal y materialmente) encargados del control de la constitución por la vía jurisdiccional15.

---

14   ROJAS Amandi, Víctor Manuel, *"Ronald Dworkin y los Principios Generales del Derecho"*. Editorial Porrúa, México, 2007, p. 2.

g) El surgimiento de la idea de un nuevo tipo de constitución.

En los años recientes hemos sido testigos de un proceso de reconstitucionalización a nivel mundial, en el cual la mayor parte de los países del mundo han realizado reformas integrales a sus textos constitucionales expidiendo nuevas constituciones en su totalidad, o haciendo cambios sustanciales a las ya existentes, bajo el concepto de mantener constituciones escritas y de carácter rígido.

En este proceso podemos notar como, quizás debido a la globalización, se ha venido dando un acercamiento entre tradiciones jurídicas del common-law y del derecho continental europeo, y en tal virtud es cada vez más raro encontrar sistemas constitucionales puros que no estén influenciados o que no contengan elementos tomados de otros sistemas. Así hoy en día, la interacción e influencia recíproca entre sistemas constitucionales diversos es una realidad innegable.

En tal virtud se ha dado también una cierta homogeneización entre las constituciones de inspiración occidental, pues a partir de la segunda mitad del siglo XX, puede decirse que prácticamente en todo occidente las constituciones se han ido alineando de manera paulatina unas con otras por

---

15   Para mayores datos ver la obra de GARCÍA Belaunde, Domingo, *"De la Jurisdicción Constitucional al Derecho Procesal Constitucional"*. FUNDAP, México, 2004.

conducto de reformas especiales, nuevas leyes de ejecución e integración, así como de adecuadas normas consuetudinarias y convencionales16.

En términos generales podemos señalar que el modelo de constitución de nuestros tiempos y al que genéricamente aspiran la mayor parte de los Estados actuales es el de constitución de carácter normativo, con fuerza vinculante de manera directa y no solamente como un instrumento de carácter programático que sólo sirve de guía para la actuación del legislador.

La posición de la constitución en el Estado Constitucional actual resulta fundamental afectando el lugar que tradicionalmente tenía el legislador y la ley misma, pues en el nuevo paradigma la ley y por supuesto también el legislador, están sometidos a una relación de adecuación y por tanto de subordinación a un estrato más alto de derecho establecido por la constitución misma17. Esta situación ha motivado la transición del modelo de Estado de Derecho tradicional, al modelo actual de Estado Constitucional.

De esta manera se ha dado un cambio de paradigma dentro de la cultura jurídica pues el modelo del Estado de Derecho o Estado Legal de Derecho, el cual gravitaba en torno a la idea de imperio de la ley, ha dado paso al surgimiento del modelo del Estado Constitucional o Estado Constitucional de Derecho, el cual se estructura en torno al carácter normativo de la constitución. Esto es, que se fundamenta en la cuestión de

16   BISCARETTI, Di Ruffia, Paolo, *Op. Cit.*, p. 522.

17   ZAGREBELSKY, Gustavo, *"El Derecho Dúctil"*. Sexta edición, Editorial Trotta, Madrid, 2005, p. 35.

considerar a la constitución como una norma jurídica de aplicación directa en la resolución de conflictos18.

En este sentido es cada vez más recurrente encontrarnos con el nuevo modelo de constituciones abiertas, que son aquellas que permiten dentro de los límites constitucionales, tanto la espontaneidad de la vida social como la competencia para asumir la dirección política en un marco de una sociedad pluralista y democrática19. Se trata de constituciones que incorporan menos reglas y más principios, pues hoy en día la constitución debe ser entendida como un marco de referencia que permite distinguir lo que es y lo que no es constitucional, por lo cual es necesario encontrar en la constitución misma las líneas de esta distinción. Y ellas están dadas justamente por sus disposiciones de principios20.

Actualmente, como dice Zagrebelsky, "ya no puede pensarse en la constitución como centro del que todo derivaba por irradiación a través de la soberanía del Estado en que se apoyaba, sino como centro sobre el que todo debe converger; es decir, más bien como centro a alcanzar que como centro del que partir. La política constitucional mediante la cual se persigue ese

---

18   AGUILÓ, Josep, *"La Constitución del Estado Constitucional"*. Palestra editores, Colombia, 2004, pp. 9 y 10.

19   ZAGREBELSKY, Gustavo, *"El Derecho Dúctil"*. Sexta edición, Editorial Trotta, Madrid, 2005, p.14.

20   ZAGREBELSKY, Gustavo, *"Historia y Constitución"*. Ed. Trotta, Madrid, 2005, p. 89.

centro no es ejecución de la constitución sino realización de la misma en uno de los cambiantes equilibrios en los que puede hacerse efectiva"21.

En síntesis, puede decirse que el Neoconstitucionalismo o el nuevo derecho constitucional, tiene como marco histórico la formación del Estado Constitucional de Derecho, que se ha venido consolidando hacia finales del siglo XX; como marco filosófico al post-positivismo, con la centralidad de los derechos fundamentales y con una reaproximación entre derecho y ética; y como marco teórico, al conjunto de cambios que como ya hemos señalado, incluyen la fuerza normativa de la constitución, la expansión de la jurisdicción constitucional y el desarrollo de una nueva dogmática de interpretación constitucional. Todo este conjunto de fenómenos ha resultado en un proceso extenso y profundo al que podemos denominar la constitucionalización del derecho.

En resumen podemos decir, siguiendo a Ferrajoli, que el futuro del constitucionalismo jurídico está confiado a esta triple articulación y evolución: hacia un constitucionalismo social, junto al liberal; hacia un constitucionalismo de derecho privado, junto al de derecho público; y hacia un constitucionalismo internacional, junto al estatal22.

---

21   ZAGREBELSKY, Gustavo, *"El Derecho Dúctil"*. Sexta edición, Editorial Trotta, Madrid, 2005, p.14.

22   FERRAJOLI, Luigi, *"Sobre los Derechos Fundamentales"* en CARBONELL, Miguel *"Teoría del Neoconstitucionalismo. Ensayos Escogidos"*. Editorial Trotta/ Instituto de Investigaciones Jurídicas de la UNAM, México, 2007, p. 73.

Conclusiones.

En virtud de lo anteriormente expuesto podemos darnos cuenta que el constitucionalismo de nuestros tiempos se encuentra en una etapa por demás interesante, caracterizada por una serie de tendencias que han venido a dar un nuevo sentido a la constitución, y a vigorizar su papel en la conformación de un nuevo modelo de Estado: el Estado Constitucional y Democrático de Derecho.

Estas tendencias han propiciado por así decirlo un cierto auge del constitucionalismo en el mundo, sobre todo en su parte occidental, generando constituciones de carácter normativo, más democráticas, y fundadas en el respeto, protección y garantía de los Derechos Humanos; estableciendo una nueva relación entre el derecho interno e internacional, entre el derecho público y privado, sobre una base de cooperación y complementariedad y no de separación y encono, como tiempo atrás venía existiendo.

Tales tendencias han dado origen a ese movimiento tan importante al que algunos han dado en llamar "Neoconstitucionalismo", mismo que sin lugar a dudas ha traído ya notorios beneficios a los individuos y a los pueblos al ser adoptados sus postulados dentro de los ejercicios constitucionales de múltiples Estados.

No obstante lo anterior es preciso señalar que el mal no esta conjurado y que aún subsisten muchas asignaturas pendientes que deben ser atendidas, como es el caso de la eficacia de los Derechos Económicos,

Sociales y Culturales, la influencia nociva de los poderes salvajes del mercado y las tendencias regresivas relativas a restringir sensiblemente Derechos Humanos con el argumento de hacer frente a las amenazas al orden, a la seguridad pública y a la seguridad del Estado, provenientes de la delincuencia organizada, del terrorismo y de grupos armados insurrectos, que por desgracia cada vez se han hecho más frecuentes en muchos países.

Por lo tanto, la última palabra aun no esta dicha y la discusión sobre el rumbo que deberá tomar el derecho constitucional en este siglo XXI todavía continúa, generando un dinamismo vertiginoso nunca antes visto. La realidad que actualmente vivimos, inestable y desbocada y que cada día nos presenta nuevos retos y problemas que debemos afrontar y solucionar de manera pronta y efectiva, nos obliga de manera ineludible a romper viejos paradigmas, y a crear fórmulas nuevas y más inteligentes que nos ayuden a crear y a considerar un nuevo modelo de Estado y de constitución que en verdad sea benéfico para todos.

BIBLIOGRAFÍA.

ACKERMAN, Bruce, *"La Nueva División de Poderes"*. Fondo de Cultura Económica, México, 2007.

AGUILÓ, Josep, *"La Constitución del Estado Constitucional"*. Palestra Editores, Colombia, 2004.

ARJONA, Juan Carlos y HARDAGA, Cristina (Comps.), *"Terrorismo y Derechos Humanos"*. Distribuciones Fontamara, México, 2008.

BARROSO, Luis Roberto, *"El Neoconstitucionalismo y la Constitucionalización del Derecho"*. Universidad Nacional Autónoma de México, México, 2008.

BISCARETTI Di Ruffia, Paolo, *"Introducción al Derecho Constitucional Comparado"*. Primera reimpresión, Fondo de Cultura Económica, México, 1998.

CARBONELL, Miguel *"Teoría del Neoconstitucionalismo. Ensayos Escogidos"*. Editorial Trotta/ Instituto de Investigaciones Jurídicas de la UNAM, México, 2007.

CARBONELL, Miguel (Ed.), *"Neoconstitucionalismo (s)"*. Segunda edición, Editorial Trotta, Madrid, 2005.

CARBONELL, Miguel *"Cuestiones Constitucionales. Revista Mexicana de Derecho Constitucional"*. Número 19, Instituto de Investigaciones Jurídicas de la UNAM, México, Julio-Diciembre de 2008.

DE VERGOTTINI, Giuseppe, *"Las Transiciones Constitucionales"*. Universidad Externado de Colombia, Argentina, 2002.

"IUS UNLA. Anuario 2005". Universidad Latina de América, México, 2006.

GARCÍA Belaunde, Domingo, *"De la Jurisdicción Constitucional al Derecho Procesal Constitucional"*. FUNDAP, México, 2004.

GÓMEZ Romero, Luis, *"El Tiempo de los Débiles. Garantismo y Literatura"*. Escuela Libre de Derecho/Editorial Porrúa/Universidad Carlos III de Madrid, México, 2008.

GONZÁLEZ Schmal, Raúl, *"Programa de Derecho Constitucional"*. Universidad Iberoamericana/Editorial Limusa, Grupo Noriega Editores, México, 2003.

JULIO Estrada, Alexei, *"La Eficacia de los Derechos Fundamentales entre Particulares"*. Universidad Externado de Colombia, Colombia, 2000.

LÓPEZ Olvera, Miguel Alejandro y RODRÍGUEZ Lozano, Luis Gerardo (Coords.), *"Tendencias Actuales del Derecho Público en Iberoamérica"*. Editorial Porrúa, México, 2006.

MERRYMAN, John Henry, *"La Tradición Romano-Canónica"*. Segunda edición, novena reimpresión, Fondo de Cultura Económica, México, 2004.

PRIETO Sanchís, Luis, *"Constitucionalismo y Positivismo"*. Segunda edición, Distribuciones Fontamara, México, 1999.

ROJAS Amandi, Víctor Manuel, *"Ronald Dworkin y los Principios Generales del Derecho"*. Editorial Porrúa, México, 2007.

ROSALES, José María, *"Patriotismo, Nacionalismo y Ciudadanía: en Defensa de un Cosmopolitismo Cívico"*. Universidad Externado de Colombia, Colombia, 1997.

ROXIN, Claus, *"¿Puede llegar a Justificarse la Tortura?"*. Instituto Nacional de Ciencias Penales, México, 2005.

SARTORI, Giovanni, *"Ingeniería Constitucional Comparada"*. Primera reimpresión, Fondo de Cultura Económica, México, 1996.

STERNBERGER, Dolf, *"Patriotismo Constitucional"*. Universidad Externado de Colombia, Argentina, 2001.

TORRES Estrada, Pedro (comp.), *"Neoconstitucionalismo y Estado de Derecho"*. Ed. Limusa/Instituto Tecnológico y de Estudios Superiores de Monterrey, México, 2006.

ZAGREBELSKY, Gustavo, *"El Derecho Dúctil"*. Sexta edición, Editorial Trotta, Madrid, 200

ZAGREBELSKY, Gustavo , *"Historia y Constitución"*. Ed. Trotta, Madrid, 2005.

Editado

4 de octubre de 2012

Título

Ensayos sobre Derecho Comparado y Constitución

1ª.Edición

250 Ejemplares

Colección

"Transformaciones Jurídicas y Sociales en el Siglo XXI"

6ª serie/No. 2

Coordinadores de la Colección

Hill Arturo del Río Ramírez

Teresa M. G. Da Cunha Lopes

Arbitraje

Comisión Editorial de la Facultad de Derecho y Ciencias Sociales

Comisión Editorial del CIJUS

ISBN 978-1-300-59906-7

Coordinador de la Edición y Diseño Gráfico

Pedro Rusiles